세상의
마지막
밤

믿음이란 한 알의 밀알이 땅에 떨어져 죽음으로 많은 열매를 맺음과 같이 진리의 열매를 위하여 스스로 죽는 것을 뜻합니다. 눈으로 볼 수는 없으나 영원히 살아 있는 진리와 목숨을 맞바꾸는 자들을 우리는 믿는 이라고 부릅니다.「믿음의 글들」은 평생, 혹은 가장 귀한 순간에 진리를 위하여 죽거나 죽기를 결단하는 참 믿는 이들의, 참 믿는 이들을 위한, 참 믿음의 글들입니다.

세상의
마지막
밤

C. S. 루이스 지음

홍종락 옮김

홍
성
사.

차례

★ 일러두기

저자 C. S. 루이스 주는 •로 표시한다.
옮긴이 홍종락 주는 1 2 3 ……으로 표시한다.
본문의 ( ) 안의 글은 저자가 넣은 글이다.

1
기도의 효력

몇 년 전 어느 날 아침, 잠자리에서 일어난 저는 런던 방문 일정을 준비할 겸 머리를 깎아야겠다고 생각했습니다. 그런데 그날 열어 본 첫 번째 편지의 용건이 제가 런던에 갈 필요가 없다는 내용이었습니다. 그래서 저는 머리 깎는 일도 다른 날로 미루기로 했습니다. 그런데 도무지 설명할 수 없지만 무엇인가 제 마음을 재촉하는 느낌이 들었습니다. 마치 어떤 목소리가 '그래도 머리 깎아. 가서 머리를 깎아'라고 말하는 것 같았습니다. 그 목소리를 더 이상 무시할 수 없는 지경에 이르자 결국 저는 집을 나섰습니다. 제가 자주 찾는 이발사는 저와 같은 신자였고, 많은 어려움을 겪고 있어서 형과 제가 몇 번 도울 기회가 있었습니다. 이발소 문을 열고 들어서는 순간, 이발사가 제게 말했습니다. "아, 오늘 교수님이 오셨으면 하고 기도하고 있었습니다." 알고 보니 제가 하루 만 늦었더라도 그에게 아무 도움도 주지 못했을 상황이었습니다.

그 일은 제게 경외감을 갖게 했습니다. 그때 일을 생각하면 지금도 경외감이 듭니다. 하지만 이발사의 기도와 저의 방문의 인과 관계를 명확하게 밝힐 수는 없습니다. 그것은 텔레파시이거나 우연이었을 수도 있습니다.

저는 대퇴골이 암에 잠식되고 다른 뼈에도 전이된 한 여인의 병상을 지켰습니다. 침상에서 그녀를 옮기려면 세 사람이 달라붙어야 했습니다. 의사들은 살날이 몇 달 안 남았다고 했고, 간호사들(때로는 의사들보다 더 잘 아는 분들이지요)은 몇 주라고 했습니다. 어떤 좋은 분이 그녀에게 안수하고 기도했습니다. 일 년이 지난 후 환자는 걸어 다녔고(바닥이 고르지 않은 오르막 숲길에서), 마지막 엑스레이 사진을 찍은 사람은 이렇게 말했습니다. "이 뼈들은 바위처럼 단단합니다. 기적이군요."

그러나 이번에도 엄밀한 의미에서 증거는 없습니다. 정직한 의사라면 모두 시인하듯, 의학은 정밀과학이 아닙니다. 의학적 예측의 오류를 설명하기 위해 초자연적인 것을 불러들일 필요는 없습니다. 기도와 그녀의 회복의 인과 관계를 믿고 싶다면야 그럴 수 있지만, 꼭 믿을 필요는 없습니다.

그러자 이런 의문이 들더군요. '어떤 종류의 증거가 있어야 기도의 효력을 **입증할 수 있을까?**' 우리가 기도한 대로 일이 이루어질 수는 있지만, 애초에는 그렇게 될 일이 아니었다는 사실을 어떻게 알 수 있을까요? 그 일이 명백한 기적이었다고 해도, 내 기도 때문에 벌어진 일이라는 결론이 자연스럽게 나오는 것은 아닙니다. 답은 분명합니다. 우리가 과학에서 볼 수 있는 것과 같은, 절대로 부인할 수 없는 경험적 증거는 결코 얻을 수 없습니다.

어떤 일들은 우리의 경험이 한결같이 일관된 결과를 얻어야 입증됩니다. 중력의 법칙이 그렇습니다. 모든 물체가 예외 없이 그 법칙을 따른다는 경험적인 사실로 확증이 됩니다. 하지만 기도는 다릅니다. 사람들이 기도하는 대로 모든 일이 이루어지지도 않거니와, 설령 그렇다 해도 그리스도인들이 말하는 기도의 효력을 입증할 수는 없을 것입니다. 기도는 요청이기 때문입니다. 요청의 핵심은 강제와는 달리, 상대가 들어줄 수도 있고 그렇지 않을 수도 있다는 것입니다. 게다가 무한히 지혜로운 존재가 유한하고 어리석은 피조물들의 요청에 귀를 기울인다면, 당연히 그는 요청을 들어주기도 하고 거절하기도 할 것입니다. 기도가 어김없이 '성공'을 거둔다 해도 그것으로 기독교 교리가 입증되지는 않을 것입니다. 그보다는 자연의 작용을 통제하거나 이끌어 내는 어떤 사람들의 마법 같은 능력을 입증해 주겠지요.

신약성경에는 얼핏 볼 때 우리 기도를 어김없이 들어주겠다는 약속처럼 보이는 구절들이 분명히 있습니다. 그러나 그 말씀들이 정말 그런 뜻일 수는 없습니다. 신약성경 이야기의 한복판에는 정반대의 경우를 보여 주는 무시할 수 없는 사례가 있기 때문입니다. 모든 청원자 중 가장 거룩하신 분이 겟세마네 동산에서 자신이 받아야 하는 잔을 거두어 달라고 세 번 기도했습니다. 그러나 그 잔은 거두어지지 않았습니다. 그 이후부터는 기도가 효과 만점의 주문이라는 생각이 설 자리가 없어졌다고 봐야 할 것입니다.

어떤 일들은 경험만으로는 입증할 수 없고 인위적으로 고안된 경험, 즉 '실험'을 통과해야만 입증됩니다. 기도도 그런 식으로 입증될 수 있을까요? 그리스도인은 "주 너의 하나님을 시험하지 말라"[1]는 금지 명령을 받았으니 그런 프로젝트에 참여해선 안 된다는 반론에 대해서는 건너뛰겠습니다. 금지되었건 아니건, 그것이 가능하기는 할까요?

6주간에 걸쳐 한 무리의 사람들(많을수록 좋습니다)이 A병원의 모든 환자를 위해 나름대로 최선을 다해 기도하고, B병원의 환자들을 위해서는 기도하지 않는 내용의 실험이 있었다는 기사를 본 적이 있습니다. 6주 후에 결과를 합산하면 A병원의 완치자 수가 더 많고 사망자 수는 더 적은지 알 수 있다는 것이지요. 그런 실험을 다양한 시간과 장소에서 반복하면 부적절한 요소들의 영향력을 배제할 수 있으리라는 것입니다.

---

1   마 4:7, 행 5:9 참조.

그런데 문제가 하나 있습니다. 그런 조건에서 어떻게 진정한 기도가 드려질 수 있는지 저는 잘 모르겠습니다. 《햄릿》에서 왕은 "진심이 안 담긴 기도는 결코 하늘에 닿지 않는다"라고 말합니다. 기도의 말을 중얼거린다고 다 기도인 것은 아닙니다. 그렇지 않다면 잘 훈련시킨 앵무새들을 동일한 실험의 대상으로 쓸수 있을 것입니다. 아픈 사람들의 회복을 구하는 일이 목적이 아니라면 그들의 회복을 위해 기도할 수 없습니다. 한 병원에 있는 모든 환자들의 회복을 원하면서 다른 병원의 환자들의 회복을 원하지 않을 이유는 전혀 없습니다. 실험에 임하는 사람들은 환자들의 고통을 덜어 주기 위해 기도하는 게 아니라 무슨 일이 벌어지는지 보려고 기도하게 됩니다. 기도의 진짜 목적과 명목상의 목적이 다르다는 말이지요. 다시 말해, 실험에 참여하는 사람이 혀와 이와 무릎으로 무엇을 하건, 그것은 기도가 아닙니다. 이 실험은 불가능한 것을 요구합니다.

그렇다면 기도에 대한 실증적인 증거나 반증은 나올 수 없습니다. 이 결론에 너무 우울해할 필요는 없습니다. 기도가 요청이라는 점을 기억하고 요청의 다른 사례들과 비교해 본다면, 제 말을 이해할 수 있을 것입니다.

우리는 하나님뿐 아니라 사람들에게도 요청을 합니다. 소금을 달라고 하고, 급료 인상을 청하고, 휴가로 집을 비우는 동안 고양이를 챙겨 달라고 부탁하고, 여인에게 청혼을 합니다. 요청하는 바를 얻을 때도 있고 얻지 못할 때도 있습니다. 요청하는 바를 얻은 경우라 해도, 요청과 얻음의 인과 관계를 과학적 확실성이 드러나도록 증명하기란 생각만큼 쉽지 않습니다.

이웃 사람이 워낙 인정이 많아서 우리가 깜빡 잊고 부탁을 하지 않았더라도 고양이에게 먹을 것을 주었을 수도 있습니다. 사장이 급료를 올려 준 이유는 우리의 요청 때문이라기보다는 우리가 경쟁사에서 더 많은 월급을 받을 수 있다는 사실을 알고 우리를 잡아 두기 위해서일 가능성이 높습니다. 청혼을 승낙한 여성에 대해 말하자면, 그녀가 결혼하기로 이미 결정을 내린 상태가 아니었다고 확신할 수 있을까요? 당신의 청혼은 그녀가 내린 결정의 원인이 아니라 결과였을 수도 있습니다. 그녀에게 그런 의도가 없었다면 당신과 나눈 몇몇 중요한 대화는 아예 이루어지지도 않았을 것입니다.

따라서 하나님께 드리는 기도의 인과적 효력을 둘러싼 의심은, 정도 차이는 있으나 사람에게 무엇을 요청하는 일에도 똑같이 적용됩니다. 우리가 얻는 것이 무엇이건 어쨌거나 얻게 되어 있었는지도 모릅니다. 그러나 방금 말한 대로, 정도의 차이가 있습니다. 우리의 친구나 사장이나 아내는 우리가 요청했기 때문에 그 요청대로 행동했다고 말할 수 있습니다. 그리고 그들을 잘 아는 우리는, 그들의 말이 진심이며 그들이 자신들의 동기를 제대로 파악하고 행동했다고 확신할 수 있습니다. 그러나 그 확신은 과학적 방법론을 통해 획득한 것이 아닙니다. 우리는 급료 인상을 거절하거나 약혼을 파기한 후 새로운 조건에서 같은 요청을 되풀이하는 대조 실험을 하지 않습니다. 우리의 확신은 과학적 지식과는 종류가 상당히 다릅니다. 그것은 상대방과 우리의 인격적 관계에서 생겨납니다. 그들에 대한 정보가 아니라 **그들을** 알기 때문에 생겨난 확신입니다.

하나님이 우리의 기도를 언제나 들으시고 가끔은 구하는 바를 허락해 주신다는 확신은 하나님을 알 때만 생겨납니다. 하나님이 허락하신 것처럼 보이는 일은 단순한 우연의 일치가 아니라는 확신 역시 마찬가지입니다. 성공과 실패의 대조표를 만들어 우연으로 치부할 수 없을 정도로 성공의 비율이 높은지 알아보려는 시도는 아무런 소용이 없습니다. 상대방이 우리가 요청한 일을 할 때 과연 그가 우리 요청 때문에 그 일을 한 것인지 아닌지 누가 알 수 있을까요? 그를 가장 잘 아는 사람일 것입니다. 마찬가지로, 이발사의 기도 때문에 하나님이 나를 이발소로 보내신 것인지 아닌지 누가 알 수 있을까요? 하나님을 가장 잘 아는 사람들일 것입니다.

지금까지 우리는 기도라는 문제를 완전히 잘못된 방식으로, 잘못된 수준에서 다루어 왔습니다. "기도가 효력이 있는가?"라고 묻는 바람에 처음부터 잘못된 태도로 기도를 대하게 된 것이지요. '효력'이라니요. 기도가 무슨 마법입니까, 자동으로 작동하는 기계입니까? 기도는 완벽한 착각이거나, 미숙하고 불완전한 인격체들(우리)과 더없이 구체적인 인격자와의 인격적 접촉이거나, 둘 중 하나입니다. 무엇인가를 구한다는 청원의 의미로서의 기도는 전체 기도의 작은 한 부분일 뿐입니다. 자백과 참회로 기도의 문지방을 넘고, 흠모로 기도의 성소에 들어간다면, 하나님의 임재를 느끼고 그분을 보고 누리는 것은 기도의 떡과 포도주를 먹고 마시는 일입니다. 기도 안에서 하나님은 우리에게 자신을 드러내십니다. 하나님이 우리의 기도에 응답하시는 것은 그 계시의 자연스러운 결과이지 가장 중요한 결과는 아닙니다. 하나님이 누구신지 알게 되면 그분이 어떤 일을 하시는지 배우게 됩니다.

그럼에도 주님은 우리에게 다음과 같은 청원기도를 허락하시고 명령하셨습니다. "우리에게 일용할 양식을 주옵소서." 그런데 청원기도에는 이론적인 문제점이 따릅니다. 하나님이 인간의 제안을 받아서 행동을 수정하신다고 믿을 수 있을까요? 무한한 지혜는 무엇이 최선인지 들을 필요가 없고, 무한한 선은 그 일을 재촉 받을 필요가 없습니다. 하나님께는 생물과 무생물을 포함한 유한한 작인(作人)의 손이 전혀 필요하지 않습니다. 하나님은 원하시면 음식 없이도 우리 몸을 기적적으로 회복시키시고, 농부와 빵 만드는 사람과 도살업자의 도움 없이도 우리에게 음식을 주시고, 학자들의 도움 없이도 지식을 주시고, 선교사 없이도 이교도들을 개종시키실 수 있을 것입니다. 하지만 하나님은 토양과

날씨와 동물과, 인간의 근육, 지성, 의지가 그분의 뜻을 이루는 데 협력하도록 허락하십니다. 파스칼은 "하나님은 그분의 피조물들에게 원인자가 되는 위엄을 허락하시고자 기도를 제정하셨다"라고 말했습니다. 그런데 기도만 그런 게 아닙니다. 우리가 어떤 행동을 할 때마다 하나님은 우리에게 그 위엄을 빌려 주십니다. 저의 기도가 사건의 경로에 영향을 끼친다는 것은 저의 다른 행동이 사건의 경로에 영향을 끼치는 것과 그다지 다를 바가 없습니다. 우리의 행동에 따라 하나님이 다른 생각을 갖게 되신다는 뜻은 아닙니다. 그분의 마음, 즉 그분의 전반적인 뜻이 바뀌는 것도 아닙니다. 그러나 그 뜻이 실현되는 방식은 달라질 것입니다. 기도는 그런 변화를 이끌어 내는 행동 중 하나입니다.

하나님은 피조물들에게 위임할 수 있는 일을 절대 혼자서 처리하시지 않는 것 같습니다. 그분은 눈 깜짝할 사이에 친히, 완전하게 하실 수 있는 일을 우리에게 맡겨 느릿느릿 어설프게 하게 하십니다. 그분이 맡기신 일을 우리가 소홀히 하거나 실패하는 것도 허락하십니다. 유한한 자유의지를 가진 자들이 어떻게 전능자와 공존할 수 있는지 우리가 온전히 깨닫지는 못할 것입니다. 하지만 하나님은 매순간마다 마치 자진하여 신적 권위를 이양하시는 듯 보입니다. 우리는 그저 받기만 하는 자, 또는 구경만 하는 자들이 아닙니다. 우리는 경기에 참가할 특권을 받은 자, 그 안에서 협력하여 '작은 삼지창을 휘둘러야' 하는 자입니다. 이 놀라운 과정은 우리 눈앞에서 창조가 진행되는 것에 불과할까요? 하나님은 이런 과정을 거쳐 (결코 가벼운 문제가 아닙니다) 아무것도 아닌 존재를 대단한 존재로, 아니, 신들로 만드십니다.

적어도 제 눈에는 그렇게 보입니다. 제가 이야기하는 내용은 기껏해야 한 가지 마음에 떠오르는 모델 혹은 상징일 뿐입니다. 이런 주제들에 대해 우리가 하는 말은 모두 유비적이고 비유적일 수밖에 없습니다. 우리 능력으로는 그 실체를 이해할 수 없음이 분명합니다. 그러나 적절치 않은 유비와 비유들을 몰아내려는 시도는 의미가 있습니다. 기도는 기계 장치가 아닙니다. 마법이 아닙니다. 하나님께 드리는 조언도 아닙니다. 우리의 다른 모든 행위가 그렇듯, 기도 또한 하나님의 그 지속적인 행위에서 분리해서 생각하면 안 됩니다. 하나님의 지속적인 행위 안에서만 모든 유한한 원인들이 작동하기 때문입니다.

기도한 것을 얻는 사람들을 총애 받는 신하, 왕좌에 영향을 끼칠 수 있는 측근들로 생각하는 것은 더 곤란합니다. 겟세마네 동산에서 거절된 그리스도의 기도를 떠올린다면 그런 생각을 넉넉히 물리칠 수 있을 것입니다. 경험 많은 그리스도인에게 들었던 가혹한 말을 소개하고 넘어가야겠군요. "나는 놀라운 기도 응답을 많이 보았고 그중에는 기적적인 응답도 있었습니다. 그러나 그런 응답은 대체로 신앙생활의 초기에 주어집니다. 회심 직전이나 직후에 말이지요. 그리스도인의 삶이 진행됨에 따라 그런 응답은 드물어지는 경향이 있습니다. 기도가 거절되는 경우가 잦아질 뿐 아니라 그 양상이 더 분명하고 단호해집니다."

그렇다면 하나님은 그분을 충실히 섬기는 사람들을 버리시는 것일까요? 글쎄요, 누구보다 하나님을 가장 잘 섬겼던 분이 고통스러운 처형으로 죽어 가시면서 "어찌하여 나를 버리셨나이까?"라고 말씀하셨습니다. 하나님이 사람이 되셨는데, 다른 누구도 아닌 그 사람이 가장 큰 어려움에 처했을 때 하나님의 위로를 전혀 받지 못했습니다. 여기에는 큰 신비가 있습니다. 설령 제게 능력이 있다 해도 감히 파헤쳐 볼 용기가 나지 않는 신비입니다. 우리처럼 작은 사람들은, 도저히 희망을 바랄 수 없고 가능성도 없는 상황에서 기도로 구한 것을 하나님이 허락해 주실 때, 자신이 혜택을 받았다는 성급한 결론을 내려서는 안 됩니다. 우리가 더 강하다면 덜 부드러운 대접을 받을 것이기 때문입니다. 우리가 더 용감하다면 하나님은 치열한 전투가 벌어지는 곳으로 우리를 보내실 것이며, 거의 도움을 받지 못하는 상태에서 가장 절망적인 경계 구역을 지키는 임무를 맡게 될 것입니다.

2
믿음의 고집에 대하여

옥스퍼드대학의 소크라테스클럽에서 믿음에 대한 소위 기독교적인 태도와 과학적인 태도를 비교하는 논문이 두 편 이상 발표되었습니다. 발표자들에 따르면, 과학자는 증거의 크기에 따라 믿음의 강약을 판단하는 것을 의무로 여깁니다. 증거가 적은 만큼 덜 믿고, 신뢰할 만한 반대 증거가 나오면 기존의 믿음을 아예 철회하는 것이 과학자의 의무라는 것입니다. 반면, 그리스도인은 증거 없이 믿거나 증거보다 더 많이 믿는 것, 또는 반대 증거가 꾸준히 늘어나는 상황에서도 꿋꿋이 믿음을 유지하는 것을 더없이 칭찬할 만한 일로 여깁니다. 현실의 온갖 공격에 영향을 받지 않는 것처럼 보이는 믿음, '굳건히 선 믿음'이 칭찬을 받는다는 겁니다.

이것이 현실에 대한 공정한 진술이라면, 인간이라는 같은 종 내에서 그런 과학자들과 그리스도인들이 공존한다는 사실은 깜짝 놀랄 만한 현상일 것입니다. 두 집단 사이에 일치하는 부분이 있어 보인다는 사실은 설명할 수 없는 일일 테니까요. 그렇게 다른 두 존재들 사이에서는 어떤 토의도 가망 없는 일일 것임이 분명합니다. 이 에세이의 목적은 상황이 실상 그 정도로 나쁘지는 않다는 점을 보여 드리는 것입니다. 과학자들은 어떤 의미에서 증거가 있는 만큼 믿고 그리스도인들은 어떤 의미에서 그렇게 하지 않는지, 좀더 엄밀하게 규정할 필요가 있습니다. 바라건대 이 작업이 이루어지고 나면, 양쪽 간의 의견 차이는 있더라도 두 무리가 상대편을 도무지 이해할 수 없어 말문이 막힌 채 빤히 바라보고만 있는 처지는 면하게 될 것입니다.

먼저, 일반적인 믿음에 대해 한마디 하겠습니다. '증거가 있는 만큼 믿는' 상태는 발표자들이 주장한 것만큼 흔하지는 않습니다. 과학자들의 주된 관심사는 믿는 것이 아니라 알아내는 것입니다. 그리고 제가 아는 한, 누구도 자신이 알아낸 일에 대해 '믿는다'는 단어를 쓰지 않습니다. 의사는 검시(檢屍)하기 전에 피해자가 독살되었다고 '믿는다'고 말할 수 있지만, 검시 후에는 피해자가 독살되었다고 말합니다. 누구도 구구단을 믿는다고 말하지 않습니다. 도둑을 현장에서 붙잡은 사람은 그 사람이 '도둑질을 하고 있었다고 믿는다'고 말하지 않습니다. 과학자가 일할 때, 즉 그가 과학자로 있을 때는 믿음과 불신에서 벗어나 지식으로 들어가려고 힘씁니다. 물론 그는 가설이나 추측을 사용합니다만, 저는 이런 것들이 믿음이라고 생각하지 않습니다. 믿음에 대한 과학자의 행동을 보려면 그가 일을 하는 동안이 아니라 여가 시간을 봐야 합니다.

현대 영어 용례에서 '믿다believe'라는 동사는 두 가지 특수한 용례를 제외하면 대체로 매우 약한 의견을 표현합니다. "톰 어디 있어?" "런던에 갔지, 아마(I believe)." 톰이 런던에 가지 않았음을 알게 된다고 해도, 그 말을 한 사람은 그저 살짝 놀라는 데 그칠 것입니다. "그때가 언제였지?" "기원전 430년이지, 아마(I believe)." 이 사람은 자신이 하는 말을 전혀 확신하지 못하고 있습니다. "나는 안 믿어(I believe not)"의 형태로 쓰이는 부정문에서도 마찬가지입니다. "이번 학기에 존스가 학교에 입학하나요?" "아닐 걸요(I believe not)." 그러나 부정문이 다른 형태로 나오면 제가 조금 전에 말한 특수한 용례가 됩니다. "난 그거 안 믿어(I don't believe it)"라는 표현, 혹은 "난 너 안 믿어(I don't believe you)"라는 좀더 강한 표현이 됩니다. 긍정적인 의미(I believe)보다 부정적인 의미(I don't believe it)가 훨씬 더 강합니다. "존스 부인 어디 계서?" "집사와 눈이 맞아 달아났지, 아마(I believe)." "난 그 말 안 믿어(I don't believe it)." 이 말에 특히 분노가 담기면 경험적으로 지식과 구분하기 어려울 만큼 주관적이고 강력한 확신을 함축하기도 합니다. 또 다른 특수한 용례는 그리스도인이 말하는 "믿습니다(I believe)"입니다. 그 내용은 전혀 인정하지 않더라도 확고한 유물론자가 이 "믿습니다"라는 표현에 담긴 마음의 태도를 이해하기는 그리 어렵지 않습니다. 유물론자는 어떤 기적 이야기를 듣고 "난 그 말 믿지 않아요"라고 대답하는 자신의 모습을 그려 본 뒤 동일한 정도의 확신이 반대쪽에 있다고 상상하기만 하면 됩니다. 그는 그 기적에 대해 수학적으로 증명하듯 확실하게 반박할 수 없다는 사실을 잘 압니다. 그러나 물이 수소와 산소가 아닐지 모른다고 걱정하지 않듯, 그는 그 기적이 정말 일어난 일인지도 모른다는 실질적인 가능성은 전혀 염두에 두지 않을 것입니다.

그리스도인의 입장도 이와 같습니다. 그리스도인은 하나님의 존재에 대한 결정적인 증거를 내세우지는 않습니다만, 그렇다고 해서 하나님이 부재할 실질적인 가능성이 그의 마음에 진짜 의심으로 자리 잡고 있는 것도 아닙니다. 물론, 신의 존재에 대한 결정적인 반증이 있다고 주장하는 유물론자가 있고, 하나님의 존재를 입증할 결정적인 증거가 존재한다고 주장하는 그리스도인들이 있습니다. 그러나 결정적인 증거나 반증이 있다면, 둘 중 어느 쪽이 옳은지(어느 한 쪽이 옳다고 할 경우)는 믿고 안 믿고의 문제가 아니라 앎의 문제가 될 것입니다. 지금 우리가 다루는 것은 가장 확신이 강한 믿음과 불신에 대해서지 지식에 대해서가 아닙니다.

제가 볼 때 이런 의미에서의 믿음은 너무나 그럴 듯하게 보이는 명제, 그래서 논란의 여지를 논리적으로 배제할 수는 없다 해도 심리적으로 의심이 들어설 자리가 없는 명제에 대한 동의입니다.

이런 종류의 믿음(과 물론 불신)이 신학적 명제들 이외의 다른 명제에 적용되는 경우가 있느냐고 물을 수 있습니다. 저는 이와 비슷한 믿음이 많다고 생각합니다. 우리의 눈에는 많은 일들이 너무나 그럴듯해 보여서 논리적 확실성이 없어도 일말의 의심조차 품지 않습니다. 과학자가 아닌 이들, 특히 교육을 받지 못한 이들이 '과학적'이라고 여기는 것에 대한 믿음이 종종 이런 성격을 띱니다. 다른 사람에 대한 믿음도 대부분 그렇습니다. 과학자, 혹은 실험실에서 과학자로 일하는 사람이 아내나 친구에 대해 갖는 믿음은, 증거가 없는 것은 아니지만 실험실에서 하듯 따져 본다면 증거에 비해 그 확신이 지나치게 강합니다. 우리 세대 대다수의 사람들은 외부 세계와 타인들이 실재한다는 믿음이 있었습니다. 우리가 내놓을 수 있는 그 어떤 강력한 논증으로도 뒷받침할 수 없는 강한 믿음이었지요. 동일한 강도의 불신으로 유아론[1]을 믿지 않았다고 할 수도 있겠습니다. 사람들이 지금 말하는 대로, 이 모두는 범주 오류[2]의 산물이고 문제 삼을 것도 못 되는 사

1 　唯我論, solipsism. 자신만이 존재하고, 타인이나 그 밖의 다른 존재물에 대해서는 확신할 수 없다는 이론. 자아 외에는 어떤 것도 실재하지 않는다는 입장.
2 　논리적으로 다른 범주에 속하는 말들을 같은 범주에 속하는 것으로 생각하는 오류.

이비 문제였을 수도 있습니다. 하지만 1920년대의 우리는 그 사실을 몰랐고, 그러면서도 유아론을 믿지 않았습니다.

물론, 지금까지 증거 없는 믿음의 문제는 다루지 않았습니다. 그리스도인이 처음에 어떤 명제에 동의하는 단계와 이후에 그것을 고수하는 단계를 혼동해서는 안 됩니다. 이 둘은 주의 깊게 구분해야 합니다. 두 번째 상황에서는 어떤 의미에서 그리스도인들에게 반대 증거로 보이는 것을 어느 정도 무시하라고 권하는 것이 사실인데, 그 이유는 나중에 설명해 보겠습니다. 그러나 제가 아는 한, 처음부터 어떤 증거도 없이, 또는 반대 증거를 무시하면서까지 특정한 명제들에 동의할 필요는 없습니다. 그래야 한다고 하는 사람이 있을지 몰라도, 어쨌건 저는 분명히 그렇게 생각하지 않습니다. 사실 저는 기독교를 받아들이는 사람은 늘 충분한 증거가 있어서 그렇게 한다고 봅니다. 그것은 단테가 말하는 물리적 혹은 형이상학적 논증[3]일 수도 있고, 역사적 증거일 수도 있고, 종교적 체험의 증거일 수도 있고, 권위일 수도 있고, 이 모두를 더한 것일 수도 있습니다. 구체적인 개별 상황에서 권위에 어느 정도 가치를 부여하건 상관없이, 권위 자체가 일종의 증거인 것은 분명합니다. 그리스도인, 무신론자, 과학자, 일반인 가릴 것 없이, 우리가 가진 모든 역사적인 믿음과, 대부분의 지리적인 믿

---

3   *fisici e metafisici argomenti*. 형이하학적 혹은 형이상학적 논증. 고전 변증론자들이 즐겨 쓰던 신 존재 증명들을 말한다. 《신곡》에 나오는 표현이다.

음과, 많은 경우의 일상생활에서 만나는 문제들에 대한 믿음은 다른 사람의 권위에 의거하여 받아들인 것들입니다.

그리스도인들이 믿음의 근거로 삼는 온갖 증거를 따져 보는 것이 이 에세이의 목적은 아닙니다. 그렇게 하려면 본격적인 변증서를 한 권 써야 할 것입니다. 여기서 제가 해야 할 일은 하나뿐입니다. 기독교 신앙의 증거를 받아들이는 사람들이 하나같이 증거에 아무 관심이 없다고 장담할 수 있을 만큼 그 증거가 취약한 것일 리는 없다는 사실을 지적하는 것입니다. 사상사를 보면 이것은 아주 분명한 사실 같습니다. 우리는 신자들이 유달리 지성이 열등하다거나, 생각하기를 비정상적으로 거부한다거나 하는 식으로 불신자들과 구분되지 않음을 압니다. 신자들 중에는 뛰어난 지성의 소유자들이 많습니다. 신자들 중에는 과학자도 많습니다. 그들이 틀렸다고 생각할 수는 있지만 그들의 오류가 그럴듯한 정도는 되었다고 보아야 합니다. 믿음에 반대하는 논증이 많고 다양하다는 사실만 보더라도 그런 결론을 충분히 내릴 수 있습니다. 종교에 반대하는 논증은 매우 많습니다. 어떤 이들은 스타티우스[4]의 시에 나오는 카파네우스[5]처럼 종교가 원시적 두려움의 투사投射라고 말합니다.("세상에 맨 처음 신들을 만들어 낸

---

4   Statius. 45~96년. 고대 로마의 시인. 대표작 《테바이우스》는 테베의 왕좌를 놓고 두 형제가 벌인 전투를 기록하고 있다.
5   《테바이우스》에 나오는 테베를 공략한 장군 중 하나. 제우스를 모독하다 번개에 맞아 죽었다.

것은 두려움이다 *primus in orbe deos fecit timor.* ") 또 어떤 이들은 에우헤메로스[6]처럼 종교란 사악한 왕, 성직자, 또는 자본주의자들이 세운 '공장'이라고 말합니다. 그런가 하면 어떤 이들은 타일러[7]처럼 종교가 죽은 사람들에 대한 꿈에서 나왔다고 말합니다. 프레이저[8]처럼 종교가 농업의 부산물이라고 말하는 이들도 있고, 프로이트처럼 콤플렉스라고 말하는 이들도 있습니다. 현대인들은 종교가 범주 오류라고 생각합니다. 저는 이렇게 많고 다양한 방어용 무기를 총동원해서 대응해야 했던 오류가 처음부터 아예 터무니없는 것이었다고는 절대 믿지 않을 것입니다. 이 모든 '신속하고 철저한 대응'을 볼 때 상대는 존중할 만한 적수임이 분명합니다.

물론 우리 시대에는 은폐된 소망의 교리로 상황이 완전히 달라졌다고 생각하는 이들이 있습니다. 그들은 다른 면에서는 합리적으로 보이는 이들이 종교를 지지하는 여러 논증에 속아 넘어갔다는 사실을 인정하면서도, 그들이 자신의 욕망에 먼저 속아 넘어갔고 그다음에 자신의 기만을 합리화하는 여러 논증을 만들어 냈다고 말할 것입니다. 그 논증들은 본질적으로 전혀 앞뒤가 맞지 않지만 인간의 소망이라는 교리로 은밀히 뒷받침을 받

---

6   Euhemerus. 기원전 330~260년. 신화를 위장된 역사로 본 그리스의 신화학자. 위대한 업적을 이루었거나 미덕을 갖춘 인물이 죽은 후 신성화된 존재가 신이라고 보았다.
7   Edward Burnett Tylor. 1832~1917년. 영국의 진화주의 인류학자.
8   Sir James Frazer. 1854~1941년. 스코틀랜드 출신의 인류학자.

아 그럴듯해 보였다고 말입니다. 다른 문제들이 그렇듯 종교 안에도 이런 일이 벌어진다는 것은 분명한 사실입니다만, 이 주장은 종교적 동의에 대한 일반적 설명으로는 별 쓸모가 없는 것 같습니다. 우리의 소망은 어느 한쪽을 선호할 수도 있고 양쪽 다 택할 수도 있으니까요. 기독교가 옳다는 결론만 내릴 수 있다면 모두가 예외 없이 만족할 거라는 생각은 제가 볼 때 터무니없습니다. 오이디푸스 콤플렉스에 대한 프로이트의 생각이 옳다면, 신이 존재하지 않기를 바라는 소망의 보편적인 압력이 엄청날 것이 분명하고, 무신론은 가장 강력하게 억압된 충동 중 하나를 훌륭하게 충족시켜 줄 것이 분명합니다. 실상 이 논증은 유신론 쪽에서도 쓸 수 있습니다. 그러나 저는 그럴 생각이 없습니다. 이 논증은 어느 쪽에도 실질적인 도움이 되지 않을 것입니다. 치명적일 만큼 양면적이거든요. 사람들은 양쪽을 다 소망합니다. 게다가, 소망충족만 있는 것도 아닙니다. 공포충족도 있고, 심기증[9] 기질이 있는 사람들은 사실이 아니길 가장 바라는 것을 사실이라고 생각하는 경향이 있기 마련입니다. 따라서 기독교의 반대자들이 때로 관심을 집중하는 상황이 전부가 아니고, 실은 네 가지 상황이 존재합니다. 기독교가 옳은 것이기를 바라기 때문에 그리스도인일 수 있습니다. 무신론이 옳기를 바라기 때문에 무신

---

9 건강에 대해 지나치게 걱정하고, 아무 이상이 없는데도 자신이 병들었다고 생각하는 심리 상태.

론자일 수도 있습니다. 기독교가 옳기를 바라기 때문에 무신론자일 수 있습니다. 무신론이 옳기를 바라기 때문에 그리스도인일 수 있습니다. 이 가능성들이 서로를 무효하게 하는 것 아닐까요? 틀린 것으로 드러난 믿음이나 불신의 특정 사례를 분석하는 데는 소망충족이나 공포충족 식의 설명이 어느 정도 유용할 수 있습니다. 그러나 일반적인 설명으로는, 어느 쪽도 도움이 안 될 것입니다. 저는 기독교의 명제들에 찬성하는 증거와 반대하는 증거가 모두 있고 이성적인 지성인들이 정직하게 검토할 때 이 증거를 다르게 평가할 수 있다는 견해가 이런 식의 분석으로 무너진다고 생각하지 않습니다.

그러므로 저는 우리가 처음 생각했던 그림을 덜 깔끔한 다른 그림으로 대체해 보자고 요청합니다. 기억하실 겁니다. 처음 그림에서는 증거만큼 믿는 과학자들과 그렇게 하지 않는 그리스도인들이라는 두 집단이 깊은 골짜기를 사이에 두고 서로 바라보고 있었습니다. 제가 이보다 낫다고 생각하는 그림은 이렇습니다. 누구나 자신이 관심을 갖는 문제에 대해 할 수 있다면 믿음의 영역에서 지식의 영역으로 넘어가려 하고, 그렇게 해서 알게 된 문제들에 대해서는 더 이상 믿는다고 말하지 않습니다. 수학자들이 흥미를 갖는 문제들은 특히 명료하고 엄격한 기법으로 다루어야 합니다. 과학자는 나름의 질문들을 전혀 다른 기법으로 다룹니다. 역사가와 판사의 기법도 다릅니다. 수학자의 증거는 추론이고(적어도 우리 일반인들은 그렇게 생각합니다), 과학자의 증거는 실험이며, 역사가의 증거는 문서, 재판관의 증거는 일치된 선서 증언입니다. 그러나 이들도 사람이기에 전문 분야 바깥의 문제들에 대해 갖는 믿음은 전문 분야에서 쓰는 방법론을 적용하지 않는 경향을 보입니다. 그렇지 않다면 그들은 병적이라거나 심지어 미쳤다는 의심까지 사게 될 것입니다. 이 믿음들은 가벼운 의견부터 주관적 확신까지 강도가 다양합니다. 그중에서 가장 강한 믿음의 사례는 그리스도인의 "믿습니다"와 확고한 무신론자의 "난 그 말 전혀 믿지 않아"를 꼽을 수 있습니다. 물론, 이 둘이 의견을 달리하는 주제라고 해서 늘 강력한 믿음과 불신의 대상이 되는 것은 아닙니다. 신이 존재한다거나 존재하지 않는다는 의견을 부드럽게 내놓는 사람들도 있습니다. 그런가 하면 의심의 여지가 전혀 없는 믿음이나 불신을 소유한 이들도 있습니다. 그리고 강약을 떠나, 이 모든 믿음의 근저에는 그 소유자들이 생각하는 증거가 자리 잡고 있습니다. 강한 믿음이나 불신을 가진 사람들은 물론 자신이 아주 강력한 증거를 갖고 있다고 생각합니다. 어느 쪽이 지독히 불합리한 사람이라고 판단할 필요는 없습니다. 오류가 있을 거라고 생각하는 정도로 충분합니다. 한쪽이 증거를 잘못 추정한 것입니다. 그리고 틀린 쪽이라 해도, 그 오류가 뻔한 것일 리는 없습니다. 그렇지 않다면 논쟁은 이어지지 않을 테니까요.

이제까지는 그리스도인들이 특정 명제들에 동의하게 되는 방식을 이야기했습니다. 이제는 좀 다른 것을 고려해야 합니다. 일단 믿음이 형성된 이후 그것을 고수하는 방식 말입니다. 그리스도인이 불합리하고 증거를 무시한다는 비난이 정말 중요해지는 지점이 바로 여기입니다. 그리스도인들이 그렇게 믿음을 고수하는 것이 미덕이라도 되는 듯 칭찬하는 것은 분명한 사실이기 때문입니다. 어떤 의미에서는, 더 큰 반대 증거 앞에서 믿음을 유지할수록 더 크게 인정받는 것 같습니다. 그들은 외관상의 반대 증거, 즉 '믿음의 시험'이나 '의심의 유혹' 등이 나타날 거라고 예상하고 그것에 굴하지 않기로 미리 결심하라고 서로 경고하기까지 합니다. 이것은 우리가 전문 분야에서 연구하는 과학자나 역사가에게 요구하는 행동과 충격적일 만큼 다릅니다. 전문 분야에서 자신이 선호하는 가설에 반대되는 작은 증거를 소홀히 하거나 무시하는 것은 매우 어리석고 부끄러운 일로 여겨집니다. 개인의 가설은 모든 시험을 거쳐야 하고, 모든 의심을 통과해야 합니다. 그러나 저는 가설이 곧 믿음이라고 생각하지 않습니다. 실험실에서 가설을 세우는 과학자가 아니라 일상생활에서 믿음을 갖고 살아가는 과학자를 생각한다면, 그와 그리스도인의 대비는 약화될 것입니다. 과학자의 머리에 아내의 정절을 의심하는 생각이 떠오른다고 해봅시다. 그는 조금도 치우침 없이 그 의심을 견지한 채 당장 그 의심을 시험해 볼 일련의 실험을 전개하고 순전히 중립적인 마음으로 결과를 기다리는 것이 합당한 의무라고 생각할까요? 결국 그럴 수밖에 없는 처지에 이를 가능성은 있습니다. 외도하는 아내들이 있고, 바람피우는 남편들이 있으니까요. 그러나 과연 그의 동료 과학자들은 (한 사람 정도 예외가 있을지 몰라도 다들) 그렇게 하는 것이 그가 취할 첫 번째 조처이자 과학자로서 그의 명예에 상응하는 유일한 조처라고 추천할까요? 그런 식으로 대응하는 그의 지성적 미덕에 찬사를 보내는 대신 그들도 우리처럼 그의 도덕적 결함을 지적하며 나무라지 않을까요?

하지만 이것은 그리스도인들의 고집 센 믿음과 보통 사람들이 비신학적인 믿음에 대해 보이는 반응의 차이를 과장하지 말자는 경계의 차원에서 한 말입니다. 제가 제시한 사례가 그리스도인의 고집에 정확히 대응한다는 의미는 아닙니다. 물론 아내가 불륜을 저지른 증거가 축적되다 못해 그 과학자가 불륜의 증거를 믿지 않는 것이 어리석은 일이 될 시점이 올 수 있으니까요. 그러나 그리스도인들은 그 어떤 증거가 나타나도 굴하지 않고 처음 믿음을 고수하는 것에 찬사를 보내는 것 같습니다. 이제 저는 그런 찬사가 원래의 믿음 자체에서 나오는 논리적 결론임을 보여 드리려고 합니다.

가장 좋은 방법은 입장이 뒤바뀌는 상황을 생각해 보는 것입니다. 기독교에서는 위와 같이 믿음을 고수하는 것을 우리에게 요구합니다. 그런데 우리가 다른 이들에게 그런 믿음을 요구하는 상황이 있습니다. 어떤 이에게 필요한 일이 분명하지만 그가 우리를 신뢰하는 경우에만 우리가 그 일을 할 수 있을 때가 있습니다. 개를 덫에서 꺼내 줄 때, 아이의 손가락에 박힌 가시를 뽑을 때, 소년에게 수영을 가르치거나 수영을 못하는 소년을 물에서 건질 때, 등반 초보자를 도와 산에서 험악한 지점을 넘을 때, 그들의 불신이 유일하고 치명적인 장애물이 될 수 있습니다. 우리는 그들의 오감, 상상력, 지성의 판단을 무시하고 우리를 믿으라고 합니다. 아픔이 아픔을 없애고, 위험이 안전을 얻을 수 있는 유일한 길임을 믿으라고 합니다. 불가능해 보이는 일을 받아들이라고 하는 것입니다. 앞발을 덫 속으로 더 깊숙이 넣어야 덫에서 빠져나올 수 있다고, 손가락을 더 아프게 해야 손가락 통증이 멈춘다고, 그대로 빠져들 것 같은 물이 몸을 밀어내고 떠받쳐 줄 것이라고, 옆에 떠 있는 유일한 사람을 붙잡는 것은 같이 빠져 죽는 길이라고, 더 높고 더 많이 노출된 바위로 가야 떨어지지 않는다고. 이 모든 믿기지 않는 말을 입증하기 위해서는 우선 상대방이 우리를 믿어야 합니다. 그것은 우리가 뭔가를 보여 주어서 얻을 수 있는 신뢰가 아닙니다. 우리로선 기껏해야 감정에 호소할 뿐입니다. 우리가 낯선 사람일 경우 그들이 우리를 믿을 근거는 기껏해야 얼굴 표정이나 어조일 것이며, 상대가 개라면 우리의 냄새뿐일 것입니다. 때로는 그들의 불신 때문에 우리는 일을 그르칩니다. 그러나 우리가 큰일을 해낸다면, 그것은 그들이 뻔히 보이는 반대 증거에도 불구하고 우리에 대한 믿음을 견지했기 때문에 가능한 일일 것입니다. 그런 믿음을 요구한다고 해서 우리를 나무랄 사람은 없습니다. 그런 상황에서 우리를 믿었다는 이유로 머리 나쁜 개, 멍청한 아이나 소년이라는 욕을 들을 일은 없습니다. 초보 등반가가 과학자라면, 그가 나중에 교수직에 지원할 때 사람들이 그 일을 들먹이며 증거에 의해 논리적으로 입증되는 것보다 더 큰 믿음을 품어 클리퍼드의 증거의 규칙[10]을 어겼다고 그를 나쁘게 말하지는 않을 것입니다.

기독교의 명제들을 받아들이는 것은 앞에서 언급한 사실 때문에 하나님과 우리의 관계가, 우리와 위험에 처한 그 개, 아이, 수영을 배우는 소년, 초보 등산가와 같다고 믿는 것입니다. 물론 그 차이는 아주 큽니다. 그래서 그들에게 적절했던 행동이 우리에게도 적절하되 그 정도가 훨씬 더할 것이라는 논리적인 결론을 이끌어 낼 수 있습니다. 제 말 오해 마십시오. 우리의 처음 믿음이 심리적 필연성으로 그런 행동을 이끌어 낼 만큼 강해야 한다고 말하는 것이 아닙니다. 제 말은 우리의 처음 믿음은 내용상 그런 행동이 적절하다는 명제가 논리적 필연으로 뒤따른다는 것입니다. 인간의 삶이 실은 선의의 존재에 의해 다스림을 받고 우리의 진짜 필요와 그 필요를 채울 수 있는 방법을 그분이 우리보다 무한히 잘 아신다면, 그분의 일하심이 우리 눈에 전혀 자비롭거나

---

10 "무엇이건 불충분한 증거에 의거해서 믿는 것은 언제 어디서나 누구에게나 잘못이다."

지혜롭게 보이지 않을 때가 있어도 그분을 신뢰하는 것이 가장 분별 있는 일일 것이라고 선험적으로 예상하고 있어야 합니다. 우리가 기독교를 받아들일 때 이런 예상에 힘을 실어 주는 경고를 받습니다. "할 수만 있으면 택하신 자들을 미혹"[11]할 만큼 강력한 증거, 외관상 기독교에 반대되는 증거가 나타날 거라는 경고입니다. 이런 상황을 견딜 수 있게 해주는 두 가지 사실이 있습니다.

하나는 기독교에 반대되는 듯한 증거뿐 아니라 부응하는 증거도 나타난다는 것입니다. 그중에는 외적 사건으로 나타나는 것도 있습니다. 예를 들어, 저는 그저 기분이 내켜서 누군가를 보러 갔는데, 그날 그가 나의 방문을 위해 기도하고 있었다는 것을 알게 되었습니다. 부응하는 증거 중 일부는 초보 등반가나 덫에 걸린 개가 자기를 구해 줄 사람을 신뢰할 근거로 삼는 증거, 즉 그 사람의 목소리나 표정, 냄새에 가깝습니다. 대단히 불완전하고 간헐적이긴 합니다만, 우리는 우리가 믿는 분에 대한 '경험적인 지식' 비슷한 것을 가진 것 같거든요.(물론, 다른 상황을 전제하는 분들은 우리가 속았다고 생각하실 겁니다.) 우리가 믿는 이유는 '어떤 신'이 아니라 **이** 하나님이 존재하기 때문입니다. 우리가 그분을 '안다'고 감히 주장할 수 없어도, 그렇게 주장하는 기독교 세계가 있고 그 대표자들 중 적어도 일부는 동일한 방식으로 우리가 신

---

11 마 24:24.

뢰할 수 있습니다. 신뢰할 만한 사람들이거든요.

두 번째 사실은 이것입니다. 우리의 처음 믿음이 옳을 경우, 뒤에 가서 충분한 증거가 보이지 않거나 너무나 분명해 보이는 반대 증거가 나오는 상황에서도 우리가 그분을 여전히 신뢰해야 할 이유를 알게 됩니다. 여기서의 관건은 하나의 덫에서 빠져나오거나, 등반 과정에서 어려운 한 지점을 넘어가는 것이 아니기 때문입니다. 우리는 그분의 의도가 그분과 우리 사이에 어떤 인격적 관계를 만들어 내는 것이라고 믿습니다. 실제로는 유일무이한*sui generis* 관계이면서도 부모에 대한 자식의 사랑이나 성애性愛의 관점에서 유비적으로 묘사할 수 있는 관계 말입니다. 그 관계에 꼭 있어야 할 것이 온전한 신뢰입니다. 그런데 그런 신뢰는 의심의 여지가 있는 곳에서만 성장이 가능합니다. 사랑하는 것은 증거를 넘어, 심지어 많은 반대 증거에도 불구하고 상대를 신뢰하는 일을 포함합니다. 우리의 선의가 입증되어야만 믿어 주는 사람은 우리의 친구가 아닙니다. 친구라면 우리에게 불리한 증거는 아주 천천히 받아들일 겁니다. 두 사람 사이의 신뢰는 논리적 오류로 폄하되지 않고 거의 어디서나 도덕적 미덕으로 칭송을 받습니다. 친구를 의심하는 사람은 그 탁월한 논리로 칭찬을 받는 대신 비열한 자라는 비난을 받습니다.

그리스도인의 고집 센 믿음은 가설에 반대되는 증거에도 불구하고 가설을 유지하려 드는 형편없는 과학자의 고집과 어떤 유사성도 없습니다. 불신자들의 눈에 그리스도인들이 신앙을 고수하는 모습이 이와 유사하게 보인다는 것은 상당히 이해할 만합니다. 불신자들은 주로 기독교를 옹호하는 저작들을 통해 기독교를 접하기 때문입니다. 그리고 그런 책에서는 하나님의 존재와 자비에 관한 질문이 다른 여느 질문들처럼 사변적인 것으로 보일 게 분명합니다. 그것이 하나의 질문으로 머무는 동안에는 사변적인 것이 틀림없습니다. 그러나 그 질문에 긍정적인 답변을 한다면, 이후에는 전혀 새로운 상황이 펼쳐지게 됩니다. 하나님이 존재한다고 믿는 것, 적어도 이 하나님이 존재한다고 믿는 것은 우리가 한 인간으로서 인격체이신 하나님 앞에 선다는 것을 의미합니다. 이전에는 견해 차이 정도의 문제였겠지만, 이제는 신적인 인격체를 대하는 인격적 태도의 문제가 되었습니다. 이제 우리는 우리의 동의를 구하는 논증이 아니라 우리의 신뢰를 요구하는 인격체와 마주하게 되었습니다. 어렴풋한 비유를 하나 들어 볼까요? 아무개가 오늘 밤 우리와 합류할지 여부를 '그냥' 묻는 것과, 아무개가 오겠다고 명예를 걸고 맹세했고 그가 오는 것이 아주 중요한 상황에서 그렇게 묻는 것은 매우 다를 것입니다. 첫 번째 경우에는 시간이 지날수록 그가 오리라는 기대가 약해질 것입니다. 합리적인 반응이지요. 두 번째의 경우, 우리가 이전의 경험을 통해 그 친구가 믿을 만하다는 것을 알고 있다면, 밤이 늦어도 그가 올 거라는 기대를 놓지 않는 것이 자연스러울 것입니다. 그가 올 거라는 기대를 접은 직후 그가 나타나 늦어진 사연을 충분히 설명한다면, 우리 중 어느 누가 부끄러워하지 않겠습니까? 우리는 그를 더 잘 알았어야 했다고 생각할 것입니다.

그런데 이 문제에는 괴로울 만큼 좋은 면과 나쁜 면이 모두 있습니다. 이 믿음이 제대로 된 것일 경우에는 두말 할 것도 없이 우리에게 꼭 필요합니다. 이 믿음이 없으면 큰 파멸을 자초하게 될 것입니다. 그러나 전혀 근거가 없는 상황에서 이 믿음이 발휘되기도 합니다. 개는 자기를 덫에서 꺼내 주러 온 사람을 믿고 그의 얼굴을 핥지만, 그 사람은 녀석을 꺼낸 뒤 실험실로 데려가 해부하려 합니다. 농부 아내가 "애야, 애야, 이리 와서 죽자"라고 외치는 소리를 따라간 오리들은 목이 비틀려 고통스럽게 죽습니다.

극장 화재에 대한 유명한 프랑스의 일화가 있습니다. 객석에 극심한 공포가 퍼져 나갔고 사람들은 순식간에 청중에서 폭도로 변했습니다. 그 상황에서 수염을 기른 건장한 사람이 오케스트라를 헤치고 무대로 뛰어오르더니 참으로 우아하게 손짓하며 이렇게 외쳤습니다. "각자 자기 자리로 돌아가시오." 그의 목소리와 태도에서 권위를 느끼고 모두가 그의 말을 따랐습니다. 그 결과, 그들은 모두 불에 타 죽었습니다. 그 사이에 수염 난 사람은 무대 옆 대기실을 통해 극장 뒷문으로 나가서 손님을 기다리던 택시를 잡아타고 집으로 돌아갔습니다.

진짜 친구뿐 아니라 사기꾼도 자기를 믿어 달라고 합니다. 상대가 사기꾼이라면 그의 요청을 거절하는 것이 분별 있는 대응이겠지만, 진짜 친구를 믿어 주지 않는다면 옹졸하고 비열한 처사가 될 것이고 친구 관계는 크게 손상될 것입니다. 우리의 믿음이 옳다면 그것을 부정하는 듯 보이는 일에 대해 미리 경고를 받고 대비하는 것이 대단히 합리적인 일입니다. 그러나 우리의 믿음이 망상이라면, 그 경고와 대비는 망상에서 헤어나지 못하게 만들 것입니다. 하지만 하나님에 대해서도, 믿음을 부정하라는 듯한 상황들을 인식하면서도 그것을 거부하는 방식이 아니고는 하나님에 대한 우리의 인격적 반응이 자리 잡을 수 있는 다른 길은 없습니다. 이런 의미에서 볼 때 모호함은 믿음과 충돌하는 그 무엇이 아니라, 믿음을 가능하게 하는 조건입니다. 믿어 달라는 요청을 받을 때 우리는 믿을 수도 있고 믿지 않을 수도 있습니다. 결정적인 확실성이 있어야 믿겠다는 말은 무의미합니다. 그런 증거가 나오고 나면 믿음이 들어설 자리가 없을 것입니다. 결정적 증거가 주어질 때 남는 것은 그것이 주어지기 전에 믿어서 생겨난 관계, 또는 믿지 않아서 생겨난 관계뿐이겠지요.

"보지 못하고 믿는 자들은 복되도다"[12]라는 말씀은 기독교의 가르침에 처음으로 동의하는 문제와는 상관이 없습니다. 이 말씀을 받은 사람은 하나님이 과연 존재하시는지를 고민한 철학자

---

12   요 20:29.

가 아니었습니다. 특정한 인물을 오랫동안 알고 지냈으며 그 인물이 아주 특이한 일들을 할 수 있다는 증거를 갖고 있던 사람이었습니다. 그러면서도 그 인물이 자주 예언했던 일, 그와 가장 가까운 친구들이 모두 보증한 한 가지 특이한 일만은 믿지 않겠다고 버틴 사람이었지요. 이 말씀이 꾸짖는 바는 철학적 의미에서의 회의론이 아니라 '의심하는' 상태라는 심리적 특성입니다. 사실상 이렇게 말한 것과 같지요. "나를 더 잘 알았어야 하지 않느냐." 방식이 다를 뿐, 사람 사이에서도 보지 않고 믿어 준 사람들을 좋게 여기는 경우들이 있습니다. 우리가 법정에서 무죄 판결을 받은 후에야 우리를 믿는 사람과의 관계와, 줄곧 우리를 믿어 준 사람과의 관계가 같을 수는 없습니다.

우리를 반대하는 이들은 우리가 기독교 신앙에 처음 동의한 근거에 대해 얼마든지 논박할 수 있습니다. 그러나 이후 우리가 믿음을 고수하고 눈앞에서 요동치는 증거에 따라 오락가락하지 않는다고 해서 우리를 비난할 수는 없습니다. 물론 우리의 확신이 무엇에 근거하고 있는지, 어떻게 회복되고 잿더미 속에서 어떻게 일어나는지 그들이 알고 있으리라 기대할 수는 없습니다. 그들에게 기대할 수 없는 것은 또 있습니다. 우리가 생각할 때 우리가 이제 겨우 경험적으로 알아가기 시작한 대상의 **특성상**, 우리는 다음과 같은 견해에 이를 수밖에 없습니다. '만일 이 대상이 망상이라면 우주가 그 가치에 걸맞은 어떤 실질적인 것도 만들어 내지 못했고, 망상에 대한 온갖 설명들이 망상 자체보다 하찮아 보인다고 말해야 할 것이다.' 하지만 그들이 이것을 어떻게 알 수 있겠습니까? 이것은 전달할 수 없는 지식입니다. 그러나 기독교 신앙에 동의하고 나면 사변적 사고의 논리에서 필연적으로 벗어나 인격적 관계의 논리라 부를 만한 단계로 넘어간다는 것은 그들도 알 수 있습니다. 그저 견해 차이에 불과하던 문제가 한 인격체가 신적 인격체를 대하는 행동에 관한 문제로 변합니다. '신이 존재한다는 믿음Credere Deum esse'이 '신에 대한 믿음Credere in Deum'으로 바뀝니다. 이 신Deum은 이 하나님, 갈수록 더 많이 알 수 있는 주님입니다.

3

썩은 백합

〈20세기Twentieth Century〉(1955)에 실린 글 '케임브리지 넘버 Cambridge Number'에서 존 앨런 씨는 수많은 사람이 "자신이 실은 지성인이 아니고 교양도 없다는 것을 입증하려고 무던히 애를 쓰는" 이유를 물었습니다. 저는 답을 알 것 같습니다. 두 가지 비슷한 사례가 그 답을 이해하는 데 도움이 될 것입니다.

우리 주위에는 사회적 인정의 용어로 쓰이는 '세련refinement'이라는 단어라면 질색을 하는 사람들이 있습니다. 그들은 그 단어를 쓸 때 일부러 '쎄련refanement'이라고 표기해 그 용례에 대한 혐오감을 표현하기도 합니다. 겉만 번지르르할 뿐, 저속한 사람의 입에서 가장 흔히 들을 수 있는 말이라는 점을 나타내려는 것이지요. 그들의 질색하는 반응에 동의하건 아니건, 그런 반응은 누구나 이해할 수 있다고 생각합니다. 질색하는 사람은 소위 '세련된' 정신과 행동의 특성을 찾아보기 가장 어려운 장본인이 '세련'을 목표로 삼고 그 얘기를 많이 한다고 생각합니다. 정말 세련된 사람들이 으스대거나, 침을 뱉거나, 강탈하거나, 우쭐거리거나, 욕을 하거나, 뽐내거나, 노골적으로 반박하는 일을 삼가는 것은 '세련'된 사람이 되기 위해서가 아닙니다. 그들에게는 그런 식의 행동이 가능한 것으로 보이지 않습니다. 설령 가능해 보인다 해도, 정말 세련된 훈련과 감수성을 갖춘 사람이라면 그런 행동들을 불쾌하게 여기고 거부할 것입니다. 특별히 이상적인 행동을 염두에 둘 필요도 없을 겁니다. 위장에 끼칠 수 있는 악영향을 생각할 것도 없이 상한 계란을 거부하는 것과 같습니다. '세련'이란 특정 행동에 대해 외부에서 붙이는 이름입니다. 내부에서 볼 때 그것은 세련된 행동으로 보이지 않습니다. 아니, 아예 의식의 대상이 되지 않습니다. 세련이 많이 거론되는 곳일수록 그것을 찾아보기가 더 어렵습니다.

두 번째 유사한 사례는 소개하기가 여러 면에서 내키지 않습니다만, 독자의 이해에 매우 도움이 될 것 같아 빠뜨릴 수 없습니다. '종교'라는 단어는 신약성경이나 신비주의자들의 글에서 찾아보면 극히 드뭅니다. 이유는 간단합니다. '종교'라는 집합적 명칭이 가리키는 태도와 행동의 관심사는 종교가 아닙니다. 종교적이라는 것은 하나님께 관심을 집중하고 그분 때문에 이웃에게 관심을 집중하는 일입니다. 그러므로 정의상, 종교적인 사람 또는 종교적으로 사는 사람은 종교에 대해 생각하지 않습니다. 그는 그럴 여유가 없습니다. 종교는 그의 활동을 우리가 (혹은 나중에 본인이) 외부에서 부를 때 쓰는 이름입니다.

물론 '세련'과 '종교'라는 단어를 무시하는 이들의 동기가 불순할 수도 있습니다. 자신이 가정교육을 잘 받았거나 거룩하다는 인상을 주고 싶어 하는 경우도 있습니다. 그런 사람들은 세련됨이나 종교에 대한 수다를 저속함이나 세속성의 징후로 여기고 자신은 그런 부류가 아님을 보이기 위해 그 일을 피합니다. 그런데 그런 수다는 저속함이나 세속성의 징후일 뿐 아니라 그런 병을 일으키는 원인이라고(제가 볼 때) 올바르게 판단하고, 진심으로 그렇게 여기는 이들도 있습니다. 그런 수다는 그 대상에게 해롭습니다. 세련됨이나 종교가 있는 곳에서는 그것을 망쳐 놓고, 세련됨이나 종교가 없는 곳에서는 아예 생겨나지 못하도록 막을 가능성이 높습니다.

그런데 '교양'이라는 말도 위험하고 당혹스러운 위의 단어들과 같은 부류에 속하는 것 같습니다. '교양'에는 여러 가지 의미가 담겨 있겠지만 문학과 기타 예술에 대한 깊이 있고 진정한 향유를 포함하는 것만은 분명합니다.(향유$_{enjoyment}$라는 단어는 예술 작품을 경험하는 데 있어서 즐거움의 역할에 대한 곤란한 질문을 피하려고 쓴 것이 아닙니다. 저는 '즐기는 것$_{delectari}$'이 아니라 '누리는 것$_{frui}$'

을 말하고 싶었습니다. 건강이나 재산을 '향유한다'고 말하는 것처럼 말이지요.) 그런데 누군가 이런 의미에서 〈돈조반니〉(모차르트의 오페라)나 〈오레스테이아_Oresteia〉[1]를 향유하는 사람은 교양에 대해서는 전혀 개의치 않습니다. 교양이라니요? 이 얼마나 부적절한 말입니까! 뚱뚱하거나 영리하다는 말은 대부분의 사람들보다 더 뚱뚱하거나 더 똑똑하다는 뜻인 것처럼, '교양 있다'는 것은 대부분의 사람보다 더 그렇다는 뜻이 분명하니 그 단어를 접하면 바로 비교, 집단, 사회생활을 떠올리게 됩니다. 그런 것들이 조각상이 들어올 때 부는 나팔이나 "이제 내 이름을 똑바로 불렀느냐?"라고 하는 클리타임네스트라[2]의 외침과 무슨 관련이 있습니까? 포스터_E. M. Foster는 《하워즈 엔드_Howard's End》에서 교향곡 연주를 귀 기울여 듣는 소녀의 모습을 탁월하게 묘사합니다. 소녀가 생각하는 것은 교양도, '음악'도, 심지어 '이 음악'도 아닙니다. 그녀는 음악을 통해 온 세상을 봅니다. 종교와 마찬가지로, 교양도 '교양'에 전혀 관심이 없습니다. 관심을 갖는 순간 망가질 활동들에 대해 외부에서 붙인 이름일 뿐입니다.

사물을 외부에서 보고 평가해서는 안 된다는 말이 아닙니다. 그러나 아주 귀하고 부서지기 쉬운 대상이라면 이야기를 하더라

1 　고대 그리스의 비극 시인 아이스킬로스_Aeschylus(BC 525~456년)의 비극. 《아가멤논》《공양하는 여자들》《자비의 여신들》로 된 3부작.
2 　Clytaemnestra. 미케네 왕 아가멤논의 아내. 〈오레스테이아〉의 주요 등장인물.

도 아주 조심스러워야 하고, 이야기를 적게 할수록 좋습니다. 교양 개념, (특히) 뭔가 부러운 것, 칭찬할 만한 것, 위신을 세워 주는 것들을 의미하는 교양 개념을 계속 붙들고 있으면 '향유'하기가 어려워집니다. 그런데 교양을 귀하게 여기는 이유는 바로 그 향유 때문이거든요. 위대한 예술 작품을 듣거나 보거나 읽는 것이 교양 있는 일이라며 본인이나 타인에게 그것을 권하는 것은, 예술을 향유하려 할 때 먼저 유보해야 하는 우리 내면의 요소들을 동원하는 일이 됩니다. 자기 개발의 욕망, 남보다 뛰어나고 싶은 욕망, (한쪽 무리에) 저항하고 (다른 무리와) 섞이고 싶은 욕망 및 십여 가지 극성스러운 열정들을 자극하는 일입니다. 이런 욕망과 감정들의 실체가 무엇이든, 예술과 관련해서는 우리의 시야를 가로막고 감각을 마비시키는 방해물일 뿐입니다.

이 시점에서 어떤 분들은 **교양**이라는 말이 '향유' 그 자체를 뜻하는 것이 아니라, 그와 관련된 경험들이 서로 작용하고 영향을 주고받는 가운데 영속적인 자질로 굳어지는 정신의 습관 전체를 가리킨다고 항변할 수도 있을 것입니다. 그분들은 이런 정신의 습관을 공유하는 사람들 사이에서 생겨나는 민감하고 풍요로운 사교 생활도 교양에 포함시키고 싶을 것입니다. 그러나 이런 식의 재해석은 똑같은 어려움에 부딪치고 맙니다. 우리는 평생 여러 예술 작품을 향유한 끝에 교양이라 부를 만한 정신의 습관을 갖게 된 사람을 상상할 수 있습니다. 그러나 여기에는 한 가지 조건이

붙습니다. 그가 그런 목적을 위해 예술을 찾은 것은 아니라는 조건입니다. 정신의 고양을 위해 시를 읽는 사람은 결코 그 목적을 이루지 못할 것입니다. 참된 향유는 달리 먼 목적에 괘념치 않는 자발적이고 충동적인 것이어야 하니까요. 뮤즈들은 정략결혼에 따르지 않습니다. 바람직한 정신의 습관이 혹시 생긴다면 그것은 뜻밖의 부산물로 주어져야 합니다. 그것을 목표로 삼는다는 생각은 괴테가 에커만[3]에게 털어놓은 충격적인 고백을 떠올리게 합니다. "내가 젊은 날의 모든 연애에서 추구한 목적은 스스로 고귀해지는 것이었네." 이 말에 우리 대부분은 이렇게 대답할 것입니다. 연애가 젊은이를 고결하게 만들 수는 있지만, 고결해질 목적으로 벌이는 연애는 그 목적을 이루지 못할 것이라고. 물론 그런 연애는 연애라고 할 수도 없을 것입니다.

개인적인 이야기는 여기까지 하겠습니다. 그러나 '교양 있는' 집단을 두둔하는 주장은 당혹스러운 질문을 제기하게 합니다. 교양이 그것을 공유하는 사람들 사이에서 민감하고 풍요로운 사교 생활을 만들어 낸다는 명확한 증거가 있습니까? '민감하다'는 말이 '실제, 또는 상상의 모욕에 민감하다'라는 뜻이라면, 분명히 그렇다고 할 수 있습니다. 호라티우스[4]는 오래전에 "시인들은 과민

---

3 Eckermann. 1792~1854년. 괴테의 만년에 9년간 그의 문학 조수로 있으면서 나눈 대화를 정리해 《괴테와의 대화》를 펴냈다.

4 BC 65~8년. 로마의 시인.

한 무리"라고 했습니다. 르네상스 휴머니스트들의 삶과 글 및 우리 세기의 가장 유명한 문학 잡지들에 실린 편지들을 보면 평론가들과 학자들도 그와 다르지 않다는 것을 알 수 있습니다. 그러나 이런 의미의 '민감한'이 '풍요롭게 하는'과 결합될 수는 없습니다. 경쟁심과 적개심으로 가득한 이기주의는 사회생활을 빈곤하게 만들 뿐입니다. 삶을 풍요롭게 하는 민감함은 다른 이들에게 상처를 주지 않게 막아 주는 민감함이지 자기가 툭하면 상처를 받는 민감함이 아닙니다. 제 경험상 이런 민감함과 교양 사이에는 어떤 인과 관계도 없습니다. 저는 이런 민감함을 교양 없는 이들 사이에서 자주 보았습니다. 교양 있는 사람들 사이에서는 발견하기도 하고 발견하지 못하기도 했습니다.

정직해집시다. 저는 교양 있는 집단의 일원이라 주장하는 사람이고 제가 속한 집단을 헐뜯을 생각은 없습니다. 제 주장이 받아들여지지 않는다 해도, 적어도 교양 있는 이들 사이에서 살아 왔다고는 말할 수 있으며 제 친구들을 폄하할 마음은 여전히 없습니다. 그러나 이 자리는 비공개로 우리끼리 모여 말하는 자리입니다. 솔직함이 최선입니다. 우리 집단의 진정한 배신자는 집단의 결점을 말하는 사람이 아니라 우리의 집단적 자기만족에 아부하는 사람입니다. 우리 가운데에는 겸손하고, 예의 바르고, 공정하고, 참을성 있게 논쟁에 임하고 적수의 관점을 이해하는 매우 훌륭한 사람들이 있습니다. 운 좋은 저는 그런 사람들을 많이 압니다. 그러나 우리 중에는 약자를 괴롭히는 사람, 편집증 환자, 겁쟁이, 험담꾼, 과시욕이 강한 사람, 맥없는 사람, 나약한 사람, 한없이 지루한 사람들도 다른 여느 집단 못지않게 많습니다. 모든 논쟁을 말다툼으로 바꿔 버리는 너저분함이 교양 없는 이들 사이에서보다 적다고 할 수 없습니다. 살짝 건드리기만 해도 피를 흘리며 살쾡이처럼 할퀴는 지독한 열등콤플렉스("상처를 주는 데 가차 없지만" "감내하는 데 강하지" 않은)도 흔합니다. 여학생들 무리처럼 말이지요.

　제 말이 의심스럽다면, 한 가지 실험을 해보십시오. 적응시키고 정화시키고 해방시키고 점잖게 만드는 교양의 효과를 열렬히 추켜세우는 사람 중 하나를 골라 그에게 다른 시인, 다른 평론가, 다른 학자들에 대해 물어보십시오. 두루뭉술하게 묻지 말고 하나하나 이름을 거론해 가면서 말입니다. 십중팔구 그는 모든 교양인에 대해 주장했던 것을 하나하나 부인할 것입니다. 그는 평소에 주장하던 것, 교양이 자랑스러운 결과를 만들어 낸다는 증거를 거의 내놓지 못할 것입니다. 혹시 그가 생각할 수 있는 사례가 본인 한 사람뿐인 것은 아닌지 의심스러워질 수도 있습니다. 그의 말에서 자연스럽게 끌어낼 수 있는 결론은 하나입니다. 우리 집단이 가장 자신 있게 내세울 수 있는 자화자찬은 존슨 박사가 아일랜드인들에게 보냈던 다음의 찬사라는 것입니다. "그들은 정직한 민족이다. 서로를 결코 좋게 말하는 법이 없다."

그렇다면 교양이 정말 사람들을 우아하고, 충실하고, 이해심 있고, 늘 즐겁게 어울리게 해주는지의 여부는 (잘해야) 극도로 의심스럽습니다. 오비디우스[5]가 교양이 "우리의 태도를 순화시켰다"라고 말한 것은 야만인 왕에게 아첨한 발언이었습니다. 그러나 **교양**이 이 모든 일을 해낸다 해도, 그것 때문에 교양을 받아들일 수는 없습니다. 그것은 의식적·무의식적으로 교양을 그 부차적 목적의 수단으로 쓰는 일이 될 터인데, 그렇게 되면 교양은 부차적인 목적을 이룰 힘을 모두 잃게 될 것입니다. 제가 볼 때는 많은 교양 옹호자들이 어원적 의미에서 '몰염치$_{impudent}$'합니다. 그들은 염치$_{pudor}$가 없습니다. 부끄럽게 여겨야 마땅한 지점에서 부끄러움을 보이지 않습니다. 아주 귀하고 깨지기 쉬운 것들을 경매인처럼 우악스럽게 다루고, 더없이 개인적이고 미묘한 경험들을 진공청소기 선전하듯 떠벌립니다. 〈20세기〉에 나오는 앨런 씨의 문구 "교양에 대한 믿음"이 이것을 아주 잘 요약하고 있습니다. '교양에 대한 믿음'은 종교에 대한 믿음만큼이나 나쁩니다. 두 표현 모두, 교양과 종교의 내용이 되는 것들로부터 돌아선 상태를 의미합니다. '교양'이라는 단어는 매우 가치 있는 특정한 활동들을 가리키는 집합적 명칭으로 쓸 수 있습니다. 그러나 실체화해서 신앙이나 대의명분, 기치, 강령으로 내세우는 교양은 참

---

5   BC 43~AD 17년?, 로마의 시인. 그리스 신화를 다룬 서사시 《변신 이야기》를 썼다.

을 수 없습니다. 위에서 말한 가치 있는 활동들은 신앙이나 대의 명분에 조금도 개의치 않기 때문입니다. 그것은 이름 자체에 힘이 있다고 여겼던 고대 셈족의 종교로 복귀하는 것과 같습니다.

여기서 한 걸음 더 나아가 봅시다. 앨런 씨는 우리가 교양을 설파하는 어떤 이들의 목소리를 더 이상 참을 수 없을 때 그 소리가 들리지 않는 곳으로 나가는 데 만족하지 않고, 교양 없는 이들 중에도 가장 저속한 사람들과 제멋대로 어울리거나 어울리는 척하고, 그들의 즐거움을 공유하는 것처럼 가장한다고 불평했습니다. 바로 이 대목에서(여전히 127쪽입니다) 제가 이해하기 어려운 많은 문구가 나옵니다. 저는 AFN이 무엇인지 모르고, 포도주 지하저장고를 좋아하지 않으며, 현대의 위스키는 제 지갑 사정에도, 입맛에도, 소화력에도 맞지 않습니다. 그러나 저는 그가 말하려는 것이 무엇인지 알 듯하고 그것을 해명할 수 있다고 생각합니다. 다시 비슷한 예를 하나 들겠습니다. 아주 젊고 속이 보이는 속물들과 저녁 시간을 보냈다고 합시다. 그들은 훌륭한 포트와인의 맛을 알아보는 척했지만 조금이라도 와인을 아는 사람이라면 누구나, 그들이 그 전에 포트와인을 마셔 본 적이 있다면 식료품 잡화점에서 파는 것이 전부였음을 알 수 있었습니다. 집으로 돌아가는 길에 우리는 지저분한 찻집에 들어갑니다. 그곳에서 깃털 목도리를 두른 노파가 입술을 핥으며 다른 노파에게 이렇게 말하는 겁니다. "근사한 차였어요. 정말이에요. 좋았어요." 그 순간, 신선한 산 속 공기를 맡은 것 같지 않을까요? 그곳에서 마침 내 뭔가 진짜를 만났으니까요. 관심을 표명하는 대상에 진짜 관심을 갖는 정신이 거기에 있습니다. 자발적이고 충동적으로 수원에서 솟아난 즐거움, 더럽혀지지 않은 경험이 거기에 있습니다. 살아 있는 개가 죽은 사자보다 낫습니다.

비슷한 예를 하나 더 들어 보겠습니다. 제가 어떤 셰리주 파티에 참석했는데, 거기서는 교양이라는 말이 폭포수처럼 쏟아졌습니다. 그러나 어떤 예술, 어떤 사람, 어떤 자연물에 대한 진정한 향유를 암시하는 말이나 시선은 전혀 찾아볼 수 없었습니다. 파티를 마치고 버스에 오른 저는 주변을 전혀 의식하지 않고 〈판타지와 공상과학 소설Fantasy and Science Fiction〉에 푹 빠져 읽고 있는 남학생을 보고 마음이 따뜻해졌습니다. 살아 있고 조작되지 않은 것, 자발적이고 충동적이고 사심 없는, 진정한 문학적 경험을 만났다는 느낌이 들었기 때문입니다. 우리는 그 소년에게 희망을 걸어야 할 것입니다. 어떤 책이건 정말 좋아해 본 사람은 언젠가 좋은 책도 좋아하게 될 가능성이 있습니다. 그들 안에는 감상 기관들이 존재합니다. 그것들은 무력하지 않습니다. 설령 그 소년이 공상과학 소설보다 더 진지한 책은 보지 않는다 해도 상관없습니다. 그래도 얻는 게 있을 테니까요.

이것을 사랑하는 아이가 분명히 거두는

한 가지 귀중한 이득. 자신을 잊어버림.

저는 누가 뭐래도 죽은 사자보다 살아 있는 개를 택하겠습니다. 지나치게 길들여진 푸들이나 발바리보다는 들개가 더 낫습니다.

앨런 씨의 질문에 답하는 데 이렇게 많은 말을 쓴 것은 (그분이나 저나 딱히 대단한 존재라서 그런 것은 아니고) 그 논의가 더 중요한 다른 것으로 이어진다고 생각했기 때문입니다. 이제 그것을 발전시켜 보겠습니다. 포스터 씨는 신정정치theocracy를 우려하여 불안감을 느낍니다. 그런데 그가 현대 잉글랜드에 정말 신정정치가 세워질 거라고 예상한다면, 저는 그 예상이 아주 터무니없는 것이라고 말하겠습니다. 저는 신정정치가 세워질 가망이 거의 없다고 보지만 그것에 대한 입장은 그와 동일하다는 점을 분명히 해두고 싶습니다. 저는 "모든 권력은 부패한다"라는 금언(포스터 씨가 한 그리스도인에게서 빌려온 말입니다)을 온전히 받아들일 뿐 아니라 그보다 더 멀리 나아갑니다. 고상한 주장을 내세우는 권력일수록 더 많이 간섭하고 비인간적이고 억압적일 것입니다. 신정정치는 최악의 통치 체제입니다. 모든 정치권력은 기껏해야 필요악에 불과합니다. 그 구속력이 가볍고 평범한 것일 때, 그저 유용하거나 편리한 역할만 자처하고 그 목적을 엄격하게 제한할 때 그나마 덜 해롭습니다. 정치권력이 내세우는 초월적이거나 영적인 모든 주장, 혹은 대단히 윤리적인 주장은 위험하고 정치권력이 우리의 사생활을 간섭할 명분을 제공합니다. 자기 본분에 충실하면 좋겠습니다. 따라서 제가 볼 때 르네상스 시대의 왕권신수설은 군주제의 변질이고, 루소의 일반의지[6]는 민주주의의 변질이며, 종족적 신비주의는 애국심의 변질입니다. 그리고 신정정치는 최악의 변질입니다. 그러나 우리가 신정정치를 맞이할 위험에 처해 있다고는 생각하지 않습니다. 제가 볼 때 우리가 처한 진짜 위험은 그보다 약간 참을 만한 것이지만, 참기 어렵기는 매한가지인 것입니다. 저는 그것을 교양지배체제Charientocracy라고 부르겠습니다. 성인聖人들의 통치가 아닙니다. 고상한 사람들χαρίεντες, 우아한 사람들venustiores 랑부예 호텔[7], 기지 있는 사람들the Wits, 예절 바른 사람들the Polite, '고귀한 영혼들the Souls', '사도들the Apostles', 민감한 사람들the Sensitive, 교양 있는 사람들the Cultured, 통합적인 사람들the Integrated, 혹은 다른 최신 명칭으로 불리는 이들의 통치입니다. 제가 어떻게 이런 생각을 하게 되었는지 설명해 보겠습니다.

옛 사회 계급들은 무너졌습니다. 여기서 두 가지 결과가 따라

---

6   General Will. 국가는 국민 개개인의 자유의사로 이루어진 상호 계약에 따라 형성된 것으로, 그 계약에 의거하여 성립된 공적公的 인격人格의 의사, 즉 대중의 의사를 루소는 일반의지라 했다. 이는 개별 시민의 이해와 충돌할 수 있다.

7   랑부예Rambouillet 후작부인의 파리 거처. 그녀는 1607~1665년까지 그곳에서 교육 받은 귀부인들이 모이는 문학 살롱을 열었다.

옵니다. 한편으로는 아리스토텔레스가 지적한 대로, 온갖 종류의 사람들이 끼리끼리 뭉치는 현상이 나타납니다. 대부분의 사람들은 다른 모든 사람과 동등한 존재가 되는 것을 원하지 않기 때문입니다. 각각의 무리 안에서 우월감을 느끼는 것이지요. 비공식적이고 스스로 임명한 작은 귀족제입니다. 교양 있는 사람들은 이런 집단을 점점 더 많이 형성합니다. 자신들과 의견이 다른 이들에 대해 '천박한'이라는 사회적 용어를 사용하는 그들의 경향에 주목하십시오. 앨런 씨의 말에 따르면, 이런 집단을 반대하거나 거기서 이탈한 이들은 자신이 '지성적知性的'이라는 점을 부인하지는 않으면서 '지성인'이라는 점만 부인합니다. 한 계급에 포함되는 일은 거부하면서 그 계급의 특성은 숨기지 않는 것이지요. 다른 한편으로는, 새롭고 실질적인 지배 계급이 불가피하게 생겨납니다. 관리管理 계급이라 불렸던 집단입니다. 교양 있는 사람들이 자임한 비공식적 귀족 계층과 실제적인 관리 지배자들, 이 두 집단의 합병이 우리를 교양지배체제로 데려갈 것입니다.

이 두 집단은 이미 합쳐지고 있습니다. 교육이 관리 계급에 접근하는 수단이 되어 가기 때문입니다. 물론 교육은 어떤 의미에서 대단히 적절한 접근 수단임이 분명합니다. 우리는 우리의 지배자들이 멍청하기를 바라지 않습니다. 그러나 교육은 새로운 중요성을 띠어 갑니다. 교육은 (아마도 예수회의 교육을 제외하고는) 과거 그 어느 때보다 학생이 더 많은 일을 하기를 바라고 또 그렇게 만들 수 있습니다.

우선, 학생들은 이전보다 훨씬 더 무방비 상태로 교사들의 손에 맡겨집니다. 책이 별로 없거나 아예 없는 회사원의 다세대 주택이나 막일꾼의 좁은집에서 자라난 학생이 늘어납니다. 이런 학생은 혼자 있는 시간이 거의 없습니다. 교육 기구들이 아주 어린 시절부터 그를 붙잡아 그의 생활 전체를 조직해 내고, 감독을 벗어난 혼자만의 시간과 여가를 모두 빼앗습니다. 운 좋은 이전 세대 사람들은 누구의 지원도 간섭도 없이 금지된 책을 읽고, 산책하고, '오랜 시간에 걸친 사색'을 즐기면서 처음으로 문학과 자연과 자신을 발견했건만, 이제 그런 일은 과거지사가 되었습니다. 트러헌[8]이나 워즈워스 같은 사람이 오늘날 태어난다면 열두 살이 되기 전에 '치료'가 될 겁니다. 한마디로, 오늘날의 교사들은 담당 과목을 가르치는 데 만족하지 않고 인간상을 창조하려 듭니다. 현대의 학생은 그들이 주무르기에 이상적인 수동자요 무력한 점토입니다. 혹시 학생이 우연히 (본성은 본성이므로) 저항할 힘을 갖게 된다 해도, 교사들은 그를 다루는 법을 압니다. 이 문제는 조금 후에 다루겠습니다.

두 번째로, 가르침의 본질이 달라졌습니다. 어떤 의미에서 가르침은 개선되었습니다. 가르침은 교사에게 훨씬 많은 것을 요구

---

8   Thomas Traherne. 1637~1674년. 영국의 시인, 저술가.

55
3. 석은 백립

하고 그 보상으로 그의 일을 훨씬 흥미롭게 만듭니다. 가르침은 훨씬 더 친밀하고 깊게 침투합니다. 더 내적인 것이 되었습니다. 학생이 텍스트를 읽고 암기하게 하는 것에 만족하지 않고, 감상까지 가르치고자 합니다. 더없이 합리적인 것으로 들리는 목표에 이의를 제기하는 것은 지나친 일 같습니다. 하지만 이 목표에 위험이 도사리고 있습니다. 이제는 다들 문맥 파악용 질문이 들어있는 구식 시험지를 비웃으며 이렇게 말합니다. "이런 것이 학생에게 무슨 유익을 줄 수 있단 말이야?" 그러나 시험지가 학생에게 유익을 주어야 한다고 하는 것은 온도계더러 방을 덥히라고 요구하는 것과 같습니다. 소년에게 유익을 주는 것은 텍스트를 읽는 행위 자체입니다. 시험지는 학생이 그 텍스트를 읽었는지 확인하려고 만든 것입니다. 옛날 시험지는 학생에게 감상을 내놓거나 가장하도록 강요하지 않았고, 학생은 점수와 아무 관련이 없는 학교 바깥 활동을 하면서 그가 할 수 있는 방식으로 자연스럽게 감상할 수 있는 자유를 누렸습니다. 그 일은 학생과 베르길리우스, 또는 학생과 셰익스피어만의 사적인 문제였습니다. 아마도 십중팔구는 아무 일도 일어나지 않았을 겁니다. 하지만 감상이 나타나는 경우 (그리고 가끔 감상이 이루어진 것은 분명합니다) 그것은 진짜였습니다. 학생의 나이와 성품에 걸맞은 것이었습니다. 이질적인 요소가 아니라 자연스러운 토양과 기후에서 건강하게 자라난 결과물이었습니다. 옛날의 건조한 시험지를 '실천 비평'[9] 훈련으로 대체하자 새로운 상황이 생겨났습니다. 학생이 교사의 마음에 드는 특정한 반응, 특정한 분석 방법을 내놓지 않으면 좋은 점수를 받지 못하게 된 것입니다.(이렇게 되면 장기적으로 그는 관리 계급에 들어가지 못할 것입니다.) 이제 학생은 나이에 어울리지 않는 반응과 방법을 일찍부터 기대하도록 훈련을 받습니다. 최악의 경우는 정통적인 답변들을 모방하는 (그리 어렵지 않은) 기술을 익히게 됩니다. 학생들은 대개 훌륭한 흉내쟁이입니다. 제 말을 믿으셔도 좋습니다. 한 학기도 지나기 전에 한 학급의 모든 학생이 '눈을 부라리는 까칠한 선생에게 무엇이 통하는지' 아주 잘 알게 될 것입니다. 투박하던 옛 시절의 학생들은 무엇이 '통하는지' 알았습니다. 그때 '통하는' 것은 사실 확인 질문들에 대한 정답뿐이었고, 그것을 내놓는 방법은 두 가지뿐이었습니다. 공부를 하거나 시험 때 부정행위를 하는 것이었습니다.

학생들이 감상을 제시해야 할 상대가 학교의 교사뿐이라면 상황이 그렇게 나쁘지는 않을 것입니다. 그러나 우리는 이미 그 단계를 넘어섰습니다. 일탈자들이 없는지 날카롭게 감시하는 교양 설파자들의 중앙 부서가 어딘가에 (아직 찾아내지는 못했습니다) 있는 것이 분명합니다. 적어도 교사에게 소책자를 보내는 사람은 분명 있습니다. 각 권마다 여섯 편의 시가 실린 소책자는

---

9   구체적인 작가나 작품을 주 대상으로 하는 비평.

학생들이 어떤 시를 선호해야 하는지 알려 줄 뿐 아니라 정확히 어떤 근거로 선호해야 하는지까지 말해 줍니다.(얼마나 무례한 일인지요! 멀캐스터[10]나 보이어Boyer라면 그런 소책자들을 어떻게 했을지 알 듯합니다.)

이런 체제의 초기에 교육만으로 지배 계급에 들어갈 수 있다는 말은 일정한 지식을 습득하지 못하고 일정 수준의 지적 능력에 이르지 못하면 지배 계급에 들어가지 못한다는 의미일 것입니다. 이 정도는 충분히 합리적인 일입니다. 그러나 그 말은 그 이상의 의미를 띨 수도 있고, 이미 그렇게 된 것 같습니다. 그 말은 올바른 작가들에 대해 올바른 반응을 할 줄 아는 특정 부류의 사람이 되지 않으면, 혹은 그런 사람이 되었다고 교사들이 믿게 만들지 않으면 지배 계급의 일원이 될 수 없다는 뜻입니다. 실은, 근대적인 의미의 **교양을 갖추어야**만 지배 계급에 들어갈 수 있습니다. 이 상황은 이전에 종종 벌어졌던 상황과 구분해야 합니다. 거의 모든 지배 계급은 어떤 식으로건 교양을 독차지하고 예술을 후원했습니다. 그러나 그들에게 교양은 지위의 결과였습니다. 지배 계급이 누리는 사치나 특권 중 하나였던 것입니다. 지금 우리는 이와 정반대의 상황에 처했습니다. 지배 계급으로 들어가

---

10 Richard Mulcaster. 1530~1611년. 영국 르네상스 시대의 대표적 인문주의자요 교육자. 당시 잉글랜드에서 가장 규모가 컸던 머천트테일러즈 학교의 초대 교장. 헬라어, 라틴어, 히브리어를 중심으로 커리큘럼을 짰다.

는 것이 교양의 보상이 될 것입니다. 이렇게 되면 교양지배체제에 이르렀다고 볼 수 있습니다.

이것은 벌어질 가능성이 높은 일 정도가 아닙니다. 계획되고 공언된 사실입니다. 손더스J. W. Saunders 씨는 '관리 계급이 지배하는 시대의 시詩'(Essays in Criticism, iv, 3, 1954년 7월호)라는 탁월한 글에서 자신의 생각을 분명히 밝혔습니다. 그는 거의 시인들만 현대 시인들의 작품을 읽는다는 사실을 직시합니다. 그리고 해결책을 모색합니다. 그는 시인들이 그 상황에 대해 뭔가를 해야 한다고 말하지 않습니다. 당연한 일입니다. 예술가와 청중의 관계가 끊어지는 것은 언제나 전적으로 청중 탓이라는 것이 우리 시대의 모든 문화에서 기본으로 받아들이는 생각이기 때문입니다.(그런데 저는 이 중요한 원칙을 입증해 주는 위대한 작품을 단 한 번도 만나 보지 못했습니다.) 손더스 씨가 생각해 낸 해결책은 시인들에게 독자를 동원해서 공급해야 한다는 것인데, 이런 특권을 마지막으로 누린 사람이 네로 황제가 아닌가 합니다. 손더스 씨는 구체적인 방법까지 제시합니다. 교육을 통해 '조정자들'을 확보하는 겁니다. 시험에서의 성공이 지배 계급으로 가는 길이니까요. 그러므로 그들은 시를 쓰되 "비평적인 시 읽기가 길러 낼 수 있는 지적 규율", 즉 교육 체계의 근간을 만들어 내기만 하면 됩니다. 다시 말해, 주로 현대 시인들을 대상으로 이루어지는 실천 비평이나 그와 비슷한 것이 필수과목이 되어야 하고, 그 과목에서 낙제하면 관리 계급에 들어올 수 없게 막는 겁니다. 그렇게 해서 우리의 시인들은 강제로 동원된 독자들을 얻게 됩니다. 새로 태어나는 모든 소년소녀는 선택의 기로에 섭니다. "우리 교양인들이 인정하는 시인을 읽고 우리가 그들에 대해 하는 말만 해라. 아니면 노동자 계급에 머물든지." 그리고 이것은 (앞서 내세운 주장을 받아서 말하자면) 교양지배체제가, 나름의 취향을 갖고 순수한 점토이길 거부하는 소수의 학생들을 어떻게 다루는지 보여 줍니다. 그들은 낮은 점수를 받습니다. 교육의 사다리 저 아래 어딘가에서 일찌감치 쫓겨나 노동자 계급 안으로 사라져 버립니다.

여기에는 또 다른 이점이 있습니다. 당장 시인들에게 독자를 제공할 뿐 아니라 우세한 문학왕조의 거의 영원한 통치를 보장할 수 있습니다. 사다리에서 쫓아내 버린 일탈자들 중에는 온갖 골치 아픈 부류가 있을 것입니다. 이전 시대 같았으면 새로운 학파나 운동을 시작했을 법한 사람들이지요. 당시 교양지배체제가 일찌감치 자리를 잡았다면, 젊은 초서, 젊은 던, 젊은 워즈워스와 콜리지는 적절히 처리해 버릴 수 있었을 것입니다. 그렇게 해서 우리가 과거에 알았던 문학사는 종말을 맞을지도 모릅니다. 그토록 오랫동안 야성을 유지했던 문학가가 이제 길들여집니다.

교양지배체제의 가능성에 대한 이유를 설명했으니, 그것이 바람직하지 않다고 생각하는 이유를 설명하는 것으로 글을 마무리해야겠습니다.

교양은 지배 계급의 자격 조건으로 적절하지 않습니다. 교양을 갖춘다고 해서 통치할 자격을 갖추게 되는 것은 아니기 때문입니다. 통치자들에게 정말 필요한 자비, 재정적 정직, 실천적 지성, 노력 등이 교양 있는 사람들 안에 특별히 더 있을 것 같지는 않습니다.

교양은 거룩함과 마찬가지로 신통치 않은 자격 조건입니다. 둘 다 감별하기는 어렵고 가장하기는 쉽습니다. 물론 모든 신정주의자를 타르튀프[11] 같은 종교적 위선자라고 할 수 없듯, 모든 교양 지배층의 일원이 문화적 위선자는 아닐 것입니다. 그러나 두 정치체제 모두 위선을 부추기고, 각기 귀하게 여긴다고 자처하는 특성을 사심 없이 추구하는 일을 어렵게 만듭니다.

경건과 교양이 부추기는 악은 위선이 전부가 아닙니다. 경건의 경우처럼 교양에서도, 겉보기엔 좀 나아 보이지만 오히려 더 해로운 상태들이 있습니다. 한쪽에는 착한 체하는 사람들이 있습니다. 부모에게 반항해 본 적 없고 일상적인 경건과 가정에서의 무난한 행동을 넘어서 본 적도 없는 유순한 젊은이입니다. 그는 순응을 통해 부모의 인정, 영향력 있는 이웃들의 인정, 양심의 인정을 받았으며, 자신이 놓친 것이 있는 줄 모르고 만족해합니다. 다른 한쪽에는 적응을 잘하는 젊은이가 있습니다. 그에게

11 Tartuffe. 프랑스 극작가 몰리에르Molière(1622~1673년)의 희곡에 나오는 사기꾼. 그의 이름은 종교적 미덕을 가장하는 위선자를 뜻하게 되었다.

시詩는 늘 '평가'를 위해 '제시된' 어떤 것이었습니다. 그는 훈련을 잘 치러 내어 기쁨을 얻었고 지배 계급에 들어왔습니다. 그는 자신이 무엇을 놓쳤는지 모르고, 시에는 뭔가 다른 목적이 있었다는 것을 전혀 알지 못한 채 만족합니다.

두 유형 모두 안타깝습니다. 그런데 때로는 둘 모두 아주 고약해집니다. 둘 다 영적 교만을 드러내는데, 각기 고유한 형태로 나타납니다. 한쪽은 묵종默從과 억압으로 성공했고, 다른 쪽은 경쟁에서 거듭거듭 이겨 성공을 거두었습니다. 음흉하고 히죽거리고 얌전한 쪽의 교만에 대해서는 앨런 씨의 단어 '자기만족smug'(좀 더 오래된 의미를 받아들인다면)을 쓸 수 있습니다. 다른 쪽에 제가 붙일 만한 호칭은 '뽐내기'입니다. 제 경험상 이것은 노골적이고, 공격적이고, 고통을 가하고 싶어 하고, 만족을 모르고 굴복을 요구하고, 의견 차이에 분개하고 의혹을 품는 경향이 있습니다. 착한 체하는 사람들은 고양이처럼 슬그머니 움직이고 옆걸음 치며 때로는 가르랑거립니다.(때로는 할퀴기도 합니다.) 반면, 그와 반대쪽에 있는 사람들은 분개한 칠면조처럼 목표를 향해 달려듭니다. 두 유형 다 진짜 위선자보다 증세가 심각합니다. 치료가 어려울 수도 있습니다. 위선자는 회개하고 잘못을 바로잡을 가능성을 생각해 볼 수 있습니다. 그의 정체가 온 천하에 드러나 위험이 사라질 수도 있습니다. 그러나 속이려는 시도를 하지 않은 사람, 진짜가 있는 줄 아예 모르기 때문에 자신이 진짜가 아닌 줄도 모르는 사람을 누가 회개시키며 그의 정체를 누가 드러낼 수 있겠습니까?

끝으로, 신정정치와 교양지배체제에 반대하는 이유가 거의 겹치는 지점에 이르렀습니다. "썩은 백합은 잡초보다 더한 악취를 풍긴다."[12] 우리 통치자들이 고상한 주장을 내세울수록 그들의 통치는 더욱 간섭이 심해지고 무례한 것으로 바뀔 가능성이 높습니다. 그들이 통치의 명분으로 내세우는 이름은 더욱 더럽혀질 것입니다. 우리 본성에서는 가장 고귀한 것들의 기반이 가장 위태롭습니다. 경건이나 교양을 성취의 수단으로 삼는 것은 그것들을 세상에서 쫓아내는 데 기여하는 일입니다. 교사들이 적어도 이두 가지만은 그냥 내버려 두었으면 좋겠습니다. 자발적이고 사고팔 수 없으며 철저히 사적인 요소가 여전히 존재하는 영역을 우리에게 남겨 주었으면 합니다.

앨런 씨가 "교양에 대한 믿음에서의 퇴각"을 말했을 때, 제가 아는 한 그는 표적에 미치지 못했습니다. 저는 퇴각을 원하지 않습니다. 공격을 원합니다. 반란을 원한다는 말이 더 마음에 드실지도 모르겠습니다. 저는 다른 분들이 반란을 일으키기를 바라는 마음으로 이 글을 씁니다. 제가 아는 한, 그리스도인들과 소위 '휴머니스트'(humanist, 이 단어가 '인본주의자'[13]의 의미로 쓰이는

---

12   셰익스피어 소네트 94번에 나오는 시구.

13   신을 거부하는 의미에서.

것은 불행한 일입니다. 이 단어에는 전혀 다른 유용한 의미[14]도 오래전부터 있었기 때문입니다)들도 이 문제에서 다를 바 없습니다. 여기서 주의를 분산시키는 엉뚱한 이야기가 등장하지 않기를 바랍니다. 저는 많은 무신론자들과 불가지론자들도 제가 아끼는 것들을 아낀다고 기꺼이 믿고 싶습니다. 그들에게 말합니다. '교양에 대한 믿음'을 우리가 먼저 목 졸라 죽이지 못하면, 그것이 모든 것을 목 졸라 죽이고 말 것입니다. 한시가 급합니다.

---

14   그리스 로마 고전학을 연구하는 인문주의자라는 의미에서.

4
스크루테이프, 축배를 제안하다

이곳은 지옥. 젊은 악마들을 위한 유혹자양성대학의 연례 만찬장이다. 학장 슬럽갑Slubgob 박사는 방금 내빈들의 건강을 기원하며 축배를 제의했다. 주빈으로 참석한 노련한 악마 스크루테이프가 답례 연설에 나선다.

학장님, 내외 귀빈 여러분, 나의 가시관님들, 어둠의 숙녀 신사 악마 여러분.

이런 자리에서는 이제 막 졸업을 해서 지상의 공식 유혹자 임무 배치를 앞둔 분들을 주 대상으로 삼아 연설을 하는 것이 관례입니다. 저는 그 관례에 기꺼이 따를 생각입니다. 제가 처음 맡게 될 임무를 기다리며 두려워했던 나날들을 잊지 못할 것입니다. 오늘밤 여러분도 그와 동일한 불안감에 떨고 있기를 바라고 그러리라 믿습니다. 앞으로 여러분은 유혹자로서 경력을 쌓아 가야 합니다. 지옥은 여러분의 경력이 제 경우처럼 중단 없는 성공으로 채워지기를 기대하고 요구합니다. 그렇지 못할 경우, 무엇이 여러분을 기다리는지 잘 알리라 믿습니다.

저는 여러분이 겪고 있을 공포와 끊임없는 불안이라는 건전하고 현실적인 요소를 덜어 줄 마음은 없습니다. 그 요소는 여러분에게 채찍과 박차 역할을 해주어야 합니다. 여러분은 잠을 잘수 있는 인간이 수시로 부러워질 것입니다! 하지만 저는 이 자리에서 전반적인 상황에 대해 다소 힘이 되는 전략적 분석을 여러분 앞에 내놓고자 합니다.

여러분이 무서워하는 학장님은 여러 모로 의미심장한 연설 도중에 오늘 차린 만찬 음식에 대해 사과 비슷한 말씀을 한마디 하셨습니다. 신사 악마 여러분, 누구도 **학장님을** 탓하지는 않습니다. 그러나 오늘밤 만찬에 오른 인간 영혼들의 괴로움을 우리가 맛보았습니다만, 그 질이 상당히 떨어진다는 점을 부인할 수는 없을 것입니다. 우리 고문자들이 뛰어난 요리 솜씨를 발휘했을 텐데도 그 맛은 밋밋하기만 합니다.

오, 파리나타[1]나 헨리 8세, 히틀러 같은 작자를 다시 씹을 수

---

1   Farinata. 1212~1264년. 이탈리아 피렌체의 귀족이자 반교황파의 지휘관. 사후의 삶과 영혼의 불멸을 믿지 않았다.

있다면 얼마나 좋을까요! 그들에겐 제대로 부숴 먹을 것, 씹어 먹을 것이 있었습니다. 그들의 격노, 이기심, 잔인함은 우리의 것과 거의 맞먹었습니다. 먹히지 않으려고 저항하기 때문에 더 맛이 있었습니다. 그런 놈을 삼키고 나면 뱃속이 뜨뜻해집니다.

이런 것 대신, 오늘밤 만찬에는 어떤 메뉴가 나왔습니까? 뇌물 소스를 곁들인 시 당국자가 있었습니다. 그러나 개인적으로 말하면 그 안에서 지난 세기의 위대한 거물들이 풍겼던 열정적이고 잔인한 탐욕의 풍미는 찾아볼 수 없었습니다. 그저 별 볼일 없는 인간 아니었습니까? 사석에서 시시한 농담을 주고받으며 푼돈이나 받아 내고 공식 발언에서는 진부한 상투어구로 그 사실을 부인하는 피조물. 존재감 없는 지저분한 소인배입니다. 이런 치들은 나중에 가서야 자신이 부패했음을 문득 깨닫는데, 그 이유라고 내놓는 것이 남들도 다 그렇게 한다는 것이었습니다. 메뉴에는 간음자들을 이용해 만든 미지근한 찜 요리도 있었지요. 완전히 불붙어 반항적이고 반역하고 만족할 줄 모르는 음욕의 기미가 거기 있던가요? 저는 못 찾았습니다. 그들 모두 제 입에는 야한 광고를 보고 자동적으로 반응하거나, 현대적이고 해방된 느낌을 맛보기 위해, 자신의 정력이나 '상태'가 정상이라는 느낌을 받기 위해, 심지어는 달리 할 일이 없어서 어쩌다 보니 실수로, 또는 누군가에게 속아 넘어가서 엉뚱한 상대와 잠자리를 가진 성욕 부진의 얼간이 맛이 났습니다.

메살리나[2]와 카사노바를 맛본 내게 놈들의 맛은 솔직히 말해 구역질이 났습니다. 폭동 선동으로 속을 채운 노동조합원이 그나마 나았습니다. 그는 그래도 진짜 해를 끼쳤으니까요. 그는 의식적으로 유혈, 기근, 자유의 소멸을 위해 일했습니다. 예, 그런 면이 분명히 있습니다. 하지만 그다지 신통치는 않습니다! 당의 노선에 따르는 것, 자만심, 무엇보다 그저 하던 대로 움직이는 습관이 그의 삶을 지배했습니다.

이제 요점으로 들어가 봅시다. 미식美食의 차원에서 보자면 이 모두가 한탄할 만합니다. 그러나 우리 중에는 미식을 우선시하는 분이 없기를 바랍니다. 훨씬 더 중요한 또 다른 면에서 보자면 이것은 희망과 장래성이 가득한 상황이 아닐까요?

먼저 그 양을 놓고 생각해 봅시다. 질은 형편없을지 모르지만, 인간 영혼을 (신통찮은 것들이긴 해도) 지금처럼 풍성하게 확보한 적이 없습니다.

그다음, 우리가 거둔 승리를 봅시다. 그런 영혼들, 혹은 한때 영혼이었던 것의 찌꺼기들은 지옥에 보낼 만한 가치가 없다고 말하고 싶은 생각이 드는 것은 사실입니다. 이해할 만합니다. 그러나 원수는 (이해할 수 없는 그 어떤 비뚤어진 이유로) 그들을 구원하려는 노력이 가치 있다고 생각했습니다. 진짜입니다. 그자는 정말

---

2 Valeria Messalina. 17~48년. 로마 황제 클라우디우스 1세의 세 번째 아내. 음란한 생활을 하다가 피살당했다.

그렇게 생각했습니다. 현역 복무를 해본 적이 없는 젊은 여러분은 이 비참한 피조물 하나하나를 마침내 포획하기까지 어떤 노고, 어떤 절묘한 기술이 필요했는지 모릅니다.

시시하고 무기력한 이놈들은 우리의 작업을 어렵게 합니다. 이 버러지 같은 것들의 생각이 얼마나 흐리멍덩하고 환경에 수동적으로 휘둘리는지, 대죄大罪가 가능한 정도의 명료함과 의도성을 갖춘 수준으로 끌어올리기가 너무나 어렵습니다. 놈들의 수준을 딱 그만큼만 끌어올려야지, 일 밀리미터라도 '더' 끌어올려서는 안 됩니다. 그렇게 되면 모든 것이 끝장날 가능성이 생기니까요. 놈들이 상황을 꿰뚫어볼 수도 있습니다. 자칫 회개하는 일이 벌어질 수도 있습니다. 반면에, 끌어올려지는 정도가 기준에 미치지 못할 경우에는 놈들이 림보에나 어울리는 수준에 그치고 말 가능성도 높습니다. 천국에도 지옥에도 적합하지 않은 피조물이 되는 것이지요. 필요한 수준에 이르지 못한 채 하위 인간의 상태로 영원히 만족하고 지내는 존재들이 생겨나는 것입니다.

원수가 '잘못된' 길이라 부를 만한 모든 개별적 선택에서, 그런 피조물들은 처음에는 온전한 영적 책임을 지는 상태에 있지 않습니다. 놈들은 자신들이 깨뜨리는 금지 규정의 근원도, 그 진정한 성격도 이해하지 못합니다. 놈들의 의식은 놈들을 둘러싼 사회적 환경과 별도로 존재하는 것이라고 보기 어렵습니다. 물론 우리는 놈들이 언어를 불분명하고 모호하게 쓰도록 만들었습

4. 스크루테이프, 축배를 제안하다

니다. 다른 사람에게는 '뇌물'에 해당하는 것을 자신의 경우에는 '팁'이나 '선물'로 부르게 한 것입니다. 우리 유혹자들이 할 일은 당연히 이런 지옥행 길의 선택이 꾸준한 반복을 통해 습관으로 굳어지게 하는 것입니다. 그리고 그다음에는 (이것이 가장 중요합니다) 습관이 원리가 되게 합니다. 놈들이 그것을 옹호하게 만드는 것입니다. 그다음부터는 모든 것이 순조로울 것입니다. 처음에는 그저 본능적으로 혹은 기계적으로 이루어지던 사회적 환경에 대한 순응(젤리가 틀에 어떻게 순응하지 않을 수 있겠습니까?)이, 이후에는 '함께함' 또는 '다른 사람들과 같음'이라는 무의식적인 신조와 이상이 됩니다.

자신들이 어기는 법에 대한 무지가 이후에는 그 법에 대한 모호한 이론으로 바뀝니다. 그들이 역사를 전혀 모른다는 사실을 기억하십시오. 그 이론은 그 법을 관습적, 청교도적, 부르주아적 '도덕'이라고 표현하게 될 것입니다. 이렇게 해서 현재의 모습을 유지하고, 그것을 바꾸려는 분위기에 저항하겠다는 생각이 단단하고 굳은 핵이 되어 놈들의 중심에 들어차게 됩니다. 그것은 아주 작은 핵입니다. 반성하지도 않고(그러기엔 너무 무지합니다) 반항하지도 않습니다.(감정도 빈곤하고 상상력도 빈약하기 때문에 그럴 수가 없습니다.) 나름의 방식으로 고지식하고 점잔도 떠는 그 생각은 자갈돌이나 아주 초기의 암 덩이처럼 작습니다. 그러나 그 정도면 우리 목적을 이루는 데 충분합니다. 내용이 분명하지는 않지만, 놈들은 원수가 은혜라 부르는 것을 진심으로, 의도적으로 거부한 것이니까요.

지금까지 환영할 만한 두 현상을 소개했습니다. 첫째, 풍부한 포획물의 확보입니다. 음식이 맛이 좀 없으면 어떻습니까. 이제 굶주릴 염려가 없는 걸요. 둘째, 우리가 거둔 승리입니다. 우리 유혹자들의 기술은 최고 수준에 도달했습니다. 그리고 제가 아직 제시하지 않은 세 번째 교훈이 있습니다. 이것이 가장 중요합니다.

오늘밤 만찬 식탁에 오른 영혼들을 보십시오. 놈들의 절망과 파멸을 정말 맛있게 먹었다고 할 수는 없지만 어쨌건 그것으로 허기는 채웠습니다. 이런 부류의 영혼들이 늘고 있고 앞으로 계속 더 늘어날 것입니다.

하급사령부[3]의 공지도 이런 상황을 확인해 줍니다. 하급사령부는 이런 상황을 고려하여 전술을 펼치도록 주의를 주고 있습니다. 어떤 한계에도 매이지 않는 강렬한 격정에 사로잡히고 원수가 혐오하는 대상들에 의지를 집중하는 '위대한' 죄인들이 완전히 사라지지는 않을 것입니다. 그러나 그들은 갈수록 희귀해질 것입니다. 우리가 포획하는 영혼은 갈수록 많아지겠지만, 그중에 섞인 쓰레기도 점점 늘어 갈 것입니다. 옛날 같았으면 악마의 먹

---

3   통상적으로는 상급사령부라고 하겠으나, 스크루테이프의 지옥에서는 가치 기준이 뒤집혀 있어, 지시를 내리는 곳이 하급사령부이고, 위계질서의 '맨 아래'에는 '지하에 계신 아버지' 사탄이 자리 잡고 있음.

이로는 적합하지 않아 케르베로스[4]와 지옥의 개들에게 던져 주었을 쓰레기입니다. 이 점에 대해 여러분이 두 가지 사실을 이해했으면 합니다. 첫째, 이런 상황이 비록 우울해 보이기는 해도, 실제로는 좋은 변화라는 것입니다. 둘째, 어떤 방법으로 상황이 이렇게 개선되었는지 여러분에게 알려 주고자 합니다.

이것은 좋은 변화입니다. 위대한 (그리고 맛있는) 죄인들은 위대한 성인이라는 끔찍한 존재들과 같은 재료로 만들어집니다. 그런 재료가 거의 사라졌으니 우리는 시시한 식사로 만족해야 할지도 모릅니다. 그러나 이런 상황은 원수에게 더없는 좌절과 굶주림을 선사하지 않겠습니까? 그자가 인간을 창조하고 그들 중 하나가 되어 고문을 받고 죽은 것은 림보의 후보자들, '실패한' 인간들을 양산하기 위해서가 아니었습니다. 그자는 성인들, 신들, 자기와 같은 존재들을 만들고 싶어 했습니다. 여러분의 식사가 시원찮다는 것은 그자의 거창한 실험이 통째로 실패로 돌아가고 있다는 사실을 알고 맛보는 짜릿함에 비하면 값싼 대가 아닙니까? 이 정도는 충분히 감수할 만하지 않습니까? 그러나 이뿐이 아닙니다. 위대한 죄인들의 수가 점점 줄어들고 다수의 인간들이 개인성을 잃어버림에 따라, 위대한 죄인들은 더없이 효과적인 우리의 대리자가 되었습니다. 모든 독재자와 심지어 선동가—거의 모

---

4   Cerberus. 그리스 신화에서 지옥의 문을 지키는, 머리 셋 달린 개.

든 유명 영화배우나 가수—조차도 이제 수만 명의 인간 양떼를 끌고 다닙니다. 그들은 그에게 자신(에게 있는 것)을 맡깁니다. 그것은 결국 우리에게 자신을 맡기는 것과 같지요. 극소수의 예외를 빼고는 놈들을 **개별적**으로 유혹하는 일에 더 이상 신경 쓰지 않아도 될 때가 올지도 모릅니다. 길잡이 양만 잡으면 그 뒤의 양떼는 뒤따라올 테니까요.

이렇게 많은 인류의 구성원을 그렇듯 하찮은 존재로 전락시킬 수 있었던 방법이 무엇인지 아십니까? 이 일은 우연히 이루어진 것이 아닙니다. 이것은 우리가 맞이해야 했던 대단히 심각한 도전 상황에 대해 우리가 내놓은 참으로 훌륭한 답변의 결과였습니다.

19세기 후반, 제가 현직 유혹자에서 물러나 관리직을 맡을 당시의 인간 상황이 어떠했는지 상기시켜 드리겠습니다. 그 직전까지 인간들 사이에서는 자유와 평등을 향한 대대적인 흐름이 구체적인 결실을 맺고 무르익었습니다. 노예제는 폐지되었습니다. 미국은 독립전쟁에서 승리했습니다. 프랑스 혁명이 성공했습니다. 거의 모든 지역에서는 종교적 관용주의가 번지고 있었습니다. 원래 이런 흐름에는 우리에게 유리한 요소가 많았습니다. 무신론에다 반反성직주의Anti-clericalism, 시기와 복수욕이 가득했고, 이교주의를 부흥시키려는 몇몇 (다소 터무니없는) 시도까지 섞여 있었습니다. 우리가 어떤 입장을 취해야 할지 결정하기는 쉽지 않았습니다. 누가 되었건 굶주린 사람이 먹을 것을 얻고, 오랫동안 사슬에 매여 있던 사람이 풀려난다는 것은 우리에게 쓰라린 타격이었습니다. 그것은 지금도 마찬가지입니다. 그러나 그 운동에는 신앙 거부, 유물론, 세속주의, 증오가 잔뜩 들어 있었기 때문에 어쨌거나 그 흐름을 부추겨야 한다는 생각이 들었습니다.

그러나 19세기 후반이 이르자 상황은 훨씬 단순해졌고 훨씬 불길한 조짐을 보였습니다. 영국(저는 대부분의 최전방 복무를 이 지역에서 했습니다) 쪽에서 끔찍한 일이 벌어진 상태였습니다. 원수가 예의 그 교묘한 속임수를 써서 이 진보적 흐름 내지 자유화 흐름을 받아들여서는 자기 목적에 맞게 왜곡했습니다. 예전의 반反기독교적 요소는 사라졌고, 기독교 사회주의[5]라는 위험한 현상이 횡행했습니다. 노동 착취로 부자가 된 옛날식 훌륭한 공장 소유주들이 직공들에게 살해당하는 대신—우리는 이 일을 이용할 수 있었을 겁니다—같은 계급 사람들에게 눈총을 받는 상황이 되었습니다. 점점 더 많은 부자들이 자신들의 권력을 내려놓았습니다. 그것도 혁명과 강요에 못 이겨서가 아니라 자신의 양심에 복종해서 나온 행동이었습니다. 이 일을 통해 이득을 얻은 가난한 자들의 처신은 실망스럽기 그지없었습니다. 우리가 합리적으로 바라고 기대했던 것과 달리, 그들은 새로 얻은 자유를 사

---

5 Christian Socialism. 프레드릭 모리스Frederick Denison Maurice가 정치와 종교가 분리될 수 없으며 교회는 사회 문제 해결에 개입해야 한다고 믿고 1848년에 조직한 기독교 운동. 노동 계급의 고충을 해결하여 혁명을 막고자 했다.

용해 학살과 강간, 약탈과 끝없는 탐닉에 빠지지 않고 더 깨끗해지고 질서정연해졌습니다. 근검절약하고, 교육을 받고 더욱 미덕을 갖추는 데 몰두하는 해괴한 모습을 보였습니다. 신사 악마 여러분, 정말입니다. 그때는 진짜 건강한 사회라는 위협이 정말이지 현실로 다가오는 것만 같았습니다.

지하에 계신 우리 아버지 덕분에 그 위험을 피할 수 있었습니다. 우리의 반격은 두 가지 수준에서 이루어졌습니다. 가장 깊은 수준에서 우리 지도자들은 이 운동에 초기부터 내재되어 있었던 요소를 완전히 살아나게 만들었습니다. 자유를 향한 이 분투의 핵심에는 개인의 자유에 대한 깊은 증오가 감추어져 있었습니다. 그 귀중한 사람 루소가 그 사실을 처음으로 드러냈습니다. 기억하실 겁니다. 그의 완전한 민주주의에서는 국가종교만 허용되고, 노예제가 회복되며, 개인은 (본인은 몰랐지만) 정부의 모든 지시가 바로 그가 진정 원하던 바라는 말을 듣습니다. 이 지점에서 우리는 헤겔(우리 쪽에 없어선 안 될 또 다른 선전원)을 거쳐 쉽사리 나치와 공산주의 국가를 만들어 낼 수 있었습니다. 우리는 영국에서도 상당한 성공을 거두었습니다. 이 나라에서는 자기 소유의 나무를 자기 도끼로 베고 자기 톱으로 널빤지를 만들어 자기 정원에 공구창고 하나 만드는 일도 허가 없이는 안 된다는 말을 얼마 전에 들었습니다.

반격은 이렇게 이루어졌습니다. 하지만 이제 막 일을 시작하는 여러분은 이런 일을 맡지 않을 것입니다. 여러분은 유혹자로 나가서 개별 인간들 곁에 붙게 될 것입니다. 그들을 상대로, 그들을 통해 우리의 반격은 또 다른 수준에서 펼쳐집니다.

여러분은 '민주주의'라는 단어로 인간들의 코를 꿰어 마음대로 다루어야 합니다. 우리의 언어학 전문가들이 인간의 언어를 변형시키는 일을 너무나 잘 수행했기 때문에, 인간들이 그 단어에다 명확하고 정의할 수 있는 의미를 부여하도록 허용해선 안 된다고 여러분에게 경고할 필요가 없어졌습니다. 인간들이 민주주의란 단어에 그런 의미를 부여할 일은 없을 겁니다. 민주주의란 하나의 정치 체제, 아니 투표 제도의 이름일 뿐이며, 이것은 우리가 그 단어를 사용해 인간들에게 주입하려는 생각과 별 관련이 없다는 사실을 그들은 전혀 깨닫지 못할 것입니다. 물론 그들이 아리스토텔레스처럼 이렇게 물어보는 일은 없도록 해야 합니다. "'민주적 행동'은 일반 민중democracies이 좋아하는 행동을 뜻할까, 아니면 민주주의 보존에 보탬이 되는 행동을 뜻할까?" 이런 질문을 하게 된다면, 두 가지가 다를 수도 있다는 생각이 들 수밖에 없습니다.

여러분은 민주주의라는 단어를 주문呪文으로만 사용해야 합니다. 이 단어의 효용은 순전히 그 선동력에 있다고 말할 수도 있겠습니다. 인간들은 민주주의라는 이름을 추앙합니다. 물론 민주주의는 인간들이 평등한 대우를 받아야 한다는 정치적 이상과 관련이 있습니다. 그러나 여러분은 인간들의 마음속에서 이런 정치적 이상이 '모든 인간은 실제로 동등하다'라고 믿는 믿음으로 몰래 넘어가게 해야 합니다. 여러분은 각자 맡은 인간을 대상으로 이 작업을 꼭 해야 합니다. 그렇게만 하면 여러분은 민주주의라는 단어를 사용해 그가 인간의 모든 감정 중에서도 가장 불명예스러운 (그리고 가장 유쾌하지 못한) 감정을 떳떳한 것으로 여기게 만들 수 있습니다. 민주주의라는 마법의 단어로 보호받지 않으면 어디서나 조롱거리가 될 행동을, 부끄러운 줄 모르는 정도가 아니라 적극적인 자부심을 느끼며 실천에 옮기게 할 수 있습니다.

그 감정은 "나도 너 못지않아"라고 말하게 만듭니다.

이렇게 해서 우리에게 더없이 유리한 상황이 펼쳐집니다. 진짜 새빨간 거짓말이 인간의 삶 한복판에 확고하게 자리 잡게 되는 것입니다. 그의 말은 사실이 아닙니다. 그는 그가 만나는 모든 사람과 키가 다르고, 허리둘레가 다르고, 친절, 정직, 분별력에서도 동등하지 않습니다. 여기서 제가 꼭 하고 싶은 말은, 인간 자신도 그 말을 믿지 않는다는 것입니다. "나도 너 못지않아"라고 말하는 어떤 인간도 그 말을 믿지 않습니다. 믿는다면 그런 말을 하지 않을 겁니다. 세인트버나드[6]는 장난감 개에게 그렇게 말하지 않습니다. 학자는 지진아에게 그렇게 말하지 않습니다. 취직이

---

6   St. Bernard. 몸집이 크고 튼튼한 개. 눈 속에서 실종된 사람들을 찾는 데 이용되었다.

가능한 사람은 놈팡이에게, 예쁜 여자는 수수한 여자에게 결코 그런 말을 하지 않습니다. 정치 분야를 벗어나면, 어떤 식으로건 자신이 열등하다고 느끼는 사람만이 자기가 남 못지않다는 주장을 내세웁니다. 그 말이 표현하는 바는 환자가 인정하지 않는 바로 그 근질대고 따끔거리고 꿈틀거리는 열등감입니다.

그래서 분개합니다. 그렇습니다. 다른 사람들에게 있는 온갖 우월성에 분개합니다. 그것을 헐뜯습니다. 그것이 없어지기를 바랍니다. 이내 그는 차이에 불과한 모든 것을 우월성의 주장이 아닌지 의심합니다. 목소리, 옷, 예절, 오락, 음식 선택에서 누구도 자신과 달라서는 안 된다고 생각합니다. "여기 영어를 나보다 더 분명하고 듣기 좋게 말하는 사람이 있네. 잘난 체하고 고상한 척 꾸미는 비열한 가식이 분명해. 여기 핫도그를 좋아하지 않는다는 사람이 있네. 핫도그 따위는 수준에 안 맞다 이거 아냐. 주크박스[7]를 작동시켜 본 적이 없다는 사람이 있네. 교양인입네 하고 뽐내려는 거 아냐. 그들이 정상적인 사람들이라면 나와 똑같을 게 분명해. 그들이라고 해서 다를 권리가 없잖아. 그건 민주적이지 않아."

자, 이 유용한 현상 자체가 새로운 것은 결코 아닙니다. 인류는 수천 년 전부터 이것을 '질투'라는 이름으로 알고 있었습니

---

7   Jukebox. 동전을 넣어 음악을 들을 수 있는 기계.

다. 그러나 지금까지는 이것을 가장 불쾌하고 가장 우스꽝스러운 악덕으로 여겼습니다. 질투의 느낌을 아는 사람들은 그것을 느끼는 순간을 부끄럽게 여겼고, 그 느낌을 모르는 사람들은 다른 사람들의 질투를 용서하지 않았습니다. 현 상태의 즐겁고 새로운 점은, 민주주의라는 단어를 주문처럼 사용하여 질투를 인정해 주고 심지어 그것을 훌륭하고 칭찬할 만한 것으로 만들 수 있다는 사실입니다.

이 주문의 영향으로 모든 면에서 열등한 사람들이 다른 모든 사람을 자기 수준으로 끌어내리려고 그 어느 때보다 전심으로 노력하고 있고, 그런 노력이 상당히 성공을 거두고 있습니다. 하지만 이것이 전부는 아닙니다. 온전한 인간성에 근접한 사람들, 거기에 더 가까이 갈 수 있는 사람들도 **비민주적인** 인간이 될까봐 우려한 나머지 뒤로 물러서고 만다는 것입니다. 저는 다음과 같은 믿을 만한 제보를 받았습니다. 이제 젊은 인간들은 보통 사람들과 달라질까 봐 고전음악이나 훌륭한 문학에 대한 취향을 애초부터 억누르는 경향이 있다고 합니다. 정직과 정숙과 절제를 배우고 싶어 하는 사람들, 구하기만 하면 그 힘을 가져다줄 은혜를 받을 수 있는 사람들이 그것을 거부한다고 합니다. 은혜를 받으면 다른 사람들과 달라지고, 다수가 걸어가는 길에서 어긋나고, 연대에서 밀려나고, 전체와 통합된 상태가 훼손될까 봐 우려하는 겁니다. 개인이 되어 버리면 어쩌나 걱정하는 거지요.(그들에겐 무엇보다 두려운 일입니다!)

최근 한 젊은 여자 인간이 했다는 기도에 이 모든 것이 요약되어 있습니다. "오, 하나님, 제가 정상적인 20세기 소녀가 되게 해주세요!" 우리의 노고 덕분에, 이 기도는 점점 이런 의미로 굳어질 것입니다. "제가 왈가닥, 얼간이, 기생충이 되게 해주세요."

이런 현상에 따라오는 유쾌한 부산물이 있습니다. '정상적'이 되거나 '평범'해지거나 '다른 사람들과 같아'지거나 '통합되는 것'을 거부하는 소수(날이 갈수록 더 적어지고 있습니다)는 실제로 잘난 체하는 사람, 괴짜로 변하게 된다는 것입니다. 일반 대중이야 어쨌건 그들이 그런 존재라고 믿고 있었을 것입니다. 의심은 흔히 의심하는 내용을 현실이 되게 합니다.("내가 무엇을 하든 이웃 사람들은 내가 마녀라고, 공산주의 스파이라고 생각할 테니까, 어차피 들을 소리라면 진짜 그렇게 되고 말을 듣는 게 낫지.") 그 결과, 우리는 수는 아주 적지만 지옥의 명분에 대단히 유용한 지식인들을 갖게 되었습니다.

그러나 이것은 부산물에 불과합니다. 저는 여러분이 도덕적, 문화적, 사회적, 지적 탁월함, 즉 인간의 모든 탁월함을 부인하고 마침내 제거하는 쪽으로 나아가는 광범위하고 종합적인 흐름에 주목했으면 합니다. 먼 옛날의 독재 정부가 한때 우리를 위해 하던 일을 민주주의(주문으로 쓰이는)가 똑같이 재현하는 모습이라니, 보기 좋지 않습니까? 그리스의 독재자(당시에는 그들을 '참주

_{tyrants}'라고 불렀습니다) 하나가 다른 독재자에게 사절을 보내 정치의 원리에 대해 조언을 구했던 일을 기억하실 겁니다. 두 번째 독재자는 사절을 밀밭으로 데려가더니 지팡이를 휘둘러 다른 밀보다 몇 센티미터 더 자란 줄기를 다 잘라 버렸습니다. 교훈은 분명했습니다. 백성들 가운데 출중함을 허용하지 말라는 것이었습니다. 대중보다 지혜롭거나, 더 낫거나, 더 유명하거나, 심지어 더 잘생긴 자를 살려 두지 말라. 다 같은 수준으로 만들어 버려라. 노예와 그저 그런 사람, 보잘것없는 인간들만 남겨 두라. 동등한 존재들만 있게 하라. 이렇게 해서 독재자들은 어떤 의미에서 '민주주의'를 실천에 옮길 수 있었습니다. 그러나 이제 '민주주의'는 다른 독재 정치 없이도 스스로 같은 일을 할 수 있습니다. 이제 누구도 지팡이를 들고 밀밭을 누빌 필요가 없습니다. 작은 줄기들이 알아서 큰 줄기들의 윗부분을 물어뜯습니다. 큰 줄기들이 다른 줄기들과 같아지고 싶어 하며 제 윗부분을 알아서 잘라 내고 있습니다.

이 작은 영혼들, 이제는 더 이상 개인이라 할 수 없는 이 피조물들의 지옥행을 확보하는 일은 고되고 까다로운 작업이라고 했습니다. 그러나 적절히 수고하며 기술을 발휘한다면, 그 결과를 상당히 확신할 수 있습니다. 위대한 죄인들은 포획하기가 더 쉬워 **보입니다**. 그러나 그들은 예측할 수 없습니다. 70년 동안 놈들을 갖고 놀았어도 칠십일 년째에 원수가 여러분의 발톱에서 놈들을

잡아채 갈 수 있습니다. 놈들은 진정한 회개를 할 수 있거든요. 진정한 죄책을 의식합니다. 상황이 잘못되기라도 하면, 놈들은 우리를 위해 사회적 압력에 저항했던 것처럼 원수를 위해서도 주위의 사회적 압력에 능히 저항할 자들입니다. 근거리에서 야생 코끼리를 쏘는 것보다 말벌을 찾아 때려잡는 것이 어떤 면에서는 더 골치 아픈 일입니다. 그러나 빗맞으면 코끼리가 더 골치 아픕니다.

앞서 말했다시피 저는 주로 영국 쪽에서 경력을 쌓았고 지금도 다른 어느 지역보다 영국에서 더 많은 소식을 듣고 있습니다. 이제부터 제가 하는 말 중에는 여러분이 활동하게 될 지역에 적용되지 않는 내용이 있을 수도 있습니다. 하지만 그곳에 가서 필요한 대로 조정해서 사용하면 됩니다. 분명 어떤 식으로건 적용되는 부분이 있을 것입니다. 적용되는 부분이 너무 적다면, 여러분이 상대하는 나라가 영국과 같은 상태가 되도록 만들어야 합니다.

전도유망한 그 나라에서 '나도 너 못지않아' 정신은 이미 일반적인 사회적 분위기 이상의 것이 되어 그들의 교육 제도에 파고들기 시작했습니다. 현 시점에서 그 작용이 얼마나 깊숙이 자리를 잡았는지는 확실치 않습니다. 그러나 그것은 중요한 문제가 아닙니다. 일단 그런 경향을 포착했다면, 앞으로 전개되는 상황은 쉽사리 예측할 수 있습니다. 상황이 전개되는 과정에서 우리가 제 역할을 잘 감당한다면 더욱 그럴 것입니다. 새로운 교육의 기본

원리는 열등생과 게으름뱅이들이 지적이고 성실한 학생들을 보며 열등감을 느끼게 해서는 안 된다는 것입니다. 그것은 '비민주적'인 일이니까요. 학생들 간의 차이점들—분명하고 적나라하게 드러나는 **개별적** 차이점들입니다만—은 숨겨져야 합니다. 이 일은 다양한 수준에서 이루어질 수 있습니다. 대학에서는 거의 모든 학생이 좋은 점수를 받을 수 있게 시험 문제를 내야 합니다. 고등교육으로 유익을 얻을 능력(혹은 바람)이 있건 없건 모든 시민, 또는 거의 모든 시민이 대학에 갈 수 있도록 대학 입학시험 문제를 내야 합니다. 학교에서는 너무 우둔하거나 게을러서 언어와 수학과 기초과학을 배우지 못하는 아이들에게 예전에는 여가 시간에나 하던 일을 시킵니다. 예를 들면, 진흙파이를 만드는 일 같은 것 말입니다. 그것을 소조塑造라고 부릅니다. 그러나 그 아이들이 공부하는 아이들보다 열등하다는 암시가 조금이라도 있어서는 안 됩니다. 그들이 어떤 일을 하건 그 일에는, 영국인들이 이미 쓰고 있는 표현대로 '가치 동등성parity of esteem'이 있으니까요. 그리고 여기서 더욱 과격한 조치가 가능해집니다. 상급 학급으로 충분히 올라갈 수 있는 아이들을 인위적으로 원래 학급에 남기는 것입니다. 뒤에 남겨질 다른 아이들이 받게 될 **트라우마**trauma—바알세불 맙소사, 이 얼마나 유용한 단어인지요!—때문이지요. 총명한 학생은 이렇게 해서 학창 시절 내내 또래집단에 민주적으로 묶여 있어야 합니다. 아이스킬로스나 단테의 작품을 읽을 능력이

되는 학생이 또래 아이들이 "고양이가 방석에 앉았어요ᴀ ᴄᴀᴛ
ꜱᴀᴛ ᴏɴ ᴀ ᴍᴀᴛ"의 철자를 기억해 내는 소리를 듣고 앉아 있는 것
이지요.

한마디로, '나도 너 못지않아' 정신이 온전히 구현되면 교육
이 사실상 폐지될 거라고 예상할 수 있습니다. 배움을 장려하는
모든 보상과 배우지 않는 데 따른 모든 처벌이 사라질 것입니다.
배우고 싶어 하는 소수는 제지를 당할 것입니다. 감히 친구들
을 능가하다니요? 어쨌건 교사들—아니면 보모들이라고 해야 할까
요?—은 열등생들을 위로하고 그들의 등을 두드려 주느라 바쁜
나머지 진짜 가르침에 허비할 시간이 없을 것입니다. 우리는 사
람들 사이에 태연자약한 자만심과 구제불능의 무지를 퍼뜨릴 계
획을 세우고 땀 흘리며 뛰어다닐 필요가 더 이상 없을 것입니다.
이 작은 해충이 우리 대신 그 일을 해줄 것입니다.

물론 이 일은 국가가 모든 교육을 틀어쥐어야만 성사되겠지
만 곧 그렇게 될 것입니다. 이것도 동일한 흐름의 일부입니다. 그
런 목적을 위해 만들어진 추징세로 중산 계급이 사라지고 있습
니다. 자녀들의 사교육을 위해 저축하고 지출하고 희생을 감수하
는 계급이 이들인데 말입니다. 중산 계급의 철폐는 교육의 폐지
와 이어져 있을 뿐 아니라, 다행히 '나도 너 못지않아'라고 말하
는 정신의 불가피한 결과이기도 합니다. 결국 인류에게 절대다수
의 과학자, 의사, 철학자, 신학자, 시인, 예술가, 작곡가, 건축가, 법

학자, 행정가를 제공한 사회적 집단이 바로 이 계급이었으니까요. 바로 이들이 키 큰 줄기의 다발로서 윗부분을 잘라 내야 할 대상인 것입니다. 얼마 전 어느 영국의 정치가가 이렇게 말했습니다. "민주주의는 위대한 사람들을 원하지 않습니다."

그런 인간에게 '원한다'는 말이 '필요하다'는 뜻인지 '좋아한다'는 뜻인지 묻는 것은 부질없는 일일 것입니다. 그러나 여러분은 분명하게 정리해 두는 것이 좋습니다. 여기서 아리스토텔레스의 질문이 다시 등장하기 때문입니다.

지옥에 있는 우리는 엄밀한 의미에서의 민주주의가 사라지는 것은 환영할 것입니다. 모든 정치 형태가 그렇듯, 민주주의도 우리에게 유리하게 쓰일 때가 적지 않습니다만, 대체로 다른 정치 형태보다는 그 빈도가 낮습니다. 우리가 깨달아야 하는 것은, 악마적 의미에서의 '민주주의'('나도 너 못지않아', 다른 사람들과 같음, 함께함)가 정치적 민주주의를 지구상에서 제거하는 데 가장 좋은 도구라는 사실입니다.

'민주주의'나 '민주 정신'(악마적 의미에서)은 위인(偉人)이 없는 나라, 아첨과 무지의 만남으로 생겨난 자신만만함으로 가득하고 비판의 기미만 보이면 으르렁대거나 우는소리를 하는 교양 없는 이들이 주종을 이루는 나라를 만들기 때문입니다. 그리고 이것은 지옥이 모든 민주적 국민에게 바라는 모습입니다. 이런 나라가 다른 나라와 전쟁을 벌인다고 생각해 보십시오. 그리고 상대

나라에서는 아이들이 학교에서 공부를 해야 하고, 유능한 사람이 고위직에 오르고, 무지한 대중은 사회 문제에 대한 발언권을 갖지 못한다면 전쟁의 결과는 보나마나입니다.

최근 민주 국가들은 러시아의 과학기술이 그들을 앞질렀음을 발견하고 깜짝 놀랐습니다. 인간의 눈먼 상태를 맛깔나게 보여 주는 본보기입니다! 그들 사회의 모든 경향이 일체의 탁월함에 반대하는 것이라면, 무엇을 믿고 그들의 과학자가 탁월하기를 기대한단 말입니까?

민주 국가들이 본성적으로 좋아하고 즐기는 행동과 관습과 태도를 부추기는 것이 우리가 할 일입니다. 이런 것들이야말로 그냥 내버려 두기만 하면 민주주의democracy를 파괴할 것들이기 때문입니다. 여러분은 아무리 인간들이라도 어떻게 그것을 깨닫지 못할까 의아할 것입니다. 그들이 아리스토텔레스의 글을 읽지 않는다 해도(그것은 비민주적인 일일 테니까요), 프랑스 혁명을 통해 귀족들이 본래 좋아하는 행동은 귀족제를 보존하는 행동이 아니라는 교훈을 배웠을 거라고 생각할 수 있습니다. 그들이 그런 교훈을 배웠다면 동일한 원리를 그들의 모든 정치 형태에 적용했을 테지만, 그런 일은 없었습니다.

그러나 이런 이야기로 연설을 마칠 생각은 없습니다. 여러분이 인간 환자들의 머릿속에 주의 깊게 심어 주어야 할 망상을 여러분의 머릿속에 부추길 마음은 없습니다. 어림도 없는 일입니다! 나라들의 운명이 개별 영혼의 운명보다 더 중요하다는 망상 말입니다. 자유 국가들을 전복하고 노예 국가들을 늘리는 것은 우리에게 수단일 뿐(물론 재미있기는 합니다), 진정한 목적은 개인의 파괴입니다. 오로지 개인만이 구원받거나 저주받을 수 있고, 원수의 아들들이 되거나 우리의 먹이가 될 수 있기 때문입니다. 우리에게 모든 혁명, 전쟁, 기근의 궁극적 가치는 그것들이 만들어 내는 개인의 고뇌, 배신, 증오, 분노와 절망에 있습니다. '나도 너 못지않아'는 민주 사회의 파멸에 유용한 수단입니다. 그러나 그것 자체가 지닌 훨씬 심오한 가치가 따로 있습니다. 겸손, 사랑, 만족, 그리고 감사와 흠모가 주는 모든 기쁨이 들어설 자리를 원천적으로 없애 버린다는 것입니다. 그런 마음 상태로 걸어가는 모든 길은 인간을 하늘로 이끌어 주는 길과 맞닿아 있지 않을 것입니다.

　이제 제 임무의 가장 유쾌한 부분으로 넘어가겠습니다. 내빈들을 대표해 슬럽갑 학장님의 건강과 유혹자양성대학의 번영을 위해 축배를 제안하는 것이 제가 할 일입니다. 잔을 채우십시오. 제 눈에 보이는 이것은 무엇입니까? 잔에 감도는 이 감미로운 향은 무엇입니까? 설마요? 학장님, 제가 만찬 음식을 두고 했던 심한 말을 모두 철회합니다. 전시 상황에서도 대학 포도주 저장고에는 괜찮은 묵은 포도주, **바리새인**이 아직 수십 병이나 남아 있군요. 빛깔로 보나 향으로 보나 틀림없습니다. 흠, 잘됐어요. 예전으로 돌아간 것 같군요.

신사 악마 여러분, 잠시 잔을 코 아래 대어 보십시오. 잔을 들어 불빛에 비춰 보십시오. 이 어두운 잔 속에서 싸우기라도 하듯 몸부림치고 서로 엉키는 불줄기들을 보십시오. 이 포도주가 어떻게 만들어졌는지 아십니까? 다양한 유형의 바리새인들을 수확해 발로 밟아 으깨고 함께 발효시켜 이 절묘한 향이 탄생했습니다. 지구상에서 서로에게 가장 적대적인 유형이 모두 모였습니다. 어떤·이들은 규칙과 유물과 묵주를 전부로 알았습니다. 또 어떤 이들은 칙칙한 옷, 침울한 얼굴, 그리고 포도주나 카드놀이나 극장을 멀리하는 사소한 전통을 애지중지했습니다. 양쪽은 '자기 의義'라는 공통점이 있었고, 그들의 시각은 원수의 실제 모습이나 명령과는 무한히 멀리 떨어져 있었습니다. 각 바리새인들의 종교에서 실제로 살아 움직인 교리는 다른 종파들의 사악함이었습니다. 모략이 그들의 복음이었고 중상이 그들의 기도문이었습니다. 해 아래서 그들은 서로를 얼마나 증오했는지요! 영원히 결합되었으나 화해하지 못한 지금, 그들이 얼마나 서로를 더 증오하는지요. 결합에 대한 그들의 경악, 적개심, 영원히 참회하지 않은 채 곪아 가는 악의가 우리의 영적 소화를 거쳐 활활 타오를 것입니다. 사악한 불처럼 말이죠. 친구 여러분, 모든 것을 고려할 때, 대부분의 인간들이 '종교'라 부르는 것이 지구상에서 사라지는 것은 우리에게 불운이 될 것입니다. '종교'는 지금도 여전히 우리에게 참으로 먹음직한 죄들을 보내 줄 수 있습니다. 불경$_{不敬}$의 멋진 꽃은 신성$_{神聖}$ 바로 옆에서만 자랄 수 있으니까요. 제단으로 올라가는 계단만큼 우리의 유혹이 성공적으로 이루어지는 곳은 없습니다.

내외 귀빈 여러분, 나의 가시관님들, 어둠의 숙녀와 신사 악마 여러분. 슬럽갑 학장님과 유혹자양성대학을 위해 축배를 듭시다!

5
선한 일과 선행

현대 기독교 세계에서 '선행Good Works'은 '선한 일good work'[1]보다 훨씬 더 친숙한 표현입니다. 선행은 주로 자선이나 교구 '봉사'를 가리킵니다. 이 두 가지 모두 '선한 일이나 그 결과물'과는 상당히 구분됩니다. 선행good works이 좋은 작품good work으로 이어지지 않을 수도 있다는 사실은 자선 바자회에서 팔려고 만든 물건들을 살펴보면 누구든 대번에 알 수 있습니다. 이것은 주님의 본을 따른 모습이 아닙니다. 우리 주님은 음료가 부족한 혼인 잔치에 포도주를 제공하셨습니다. 선행을 베푸신 것이지요. 하지만 그 결과물은 훌륭한 작품이기도 했습니다. 정말 마실 만한 고급

---

1   또는 선한 일의 결과로 생겨난 좋은 작품.

포도주였거든요. 성경의 가르침에 따르면 우리의 일$_{work}$과 일자리$_{job}$에서도 선함$_{goodness}$이 꼭 있어야 합니다. 사도는 모두가 일하되 '좋은$_{good}$' 것을 만들어 낼 수 있도록 일해야 한다고 말합니다.

좋은 작품$_{Good Work}$이라는 개념이 그리스도인들 가운데 어느 정도 남아 있기는 하지만, 이것이 종교를 가진 사람들만의 유별난 특징은 아닌 것 같습니다. 나는 캐비닛 제작자들, 구두장이, 선원들 사이에서 그것을 봅니다. 라이너[2]가 얼마나 크고 비싼 배인지 떠벌리며 선원들의 감탄을 자아내려 해봐야 소용없습니다. 선원들은 소위 배의 '라인'이 잘 나오는지만 봅니다. 그것을 통해 대양에서 배가 잘 다닐지 예측합니다. 예술가들도 좋은 작품$_{Good Work}$을 말합니다만, 그 빈도가 줄고 있습니다. 그들은 '의미 있는', '중요한', '현대적인', '과감한' 같은 단어들을 선호하기 시작했습니다. 제가 볼 때 이것은 좋은 징후가 아닙니다.

그러나 완전히 산업화된 사회에서 사는 대다수의 사람들은 '좋은 작품'이라는 개념이 처음부터 배제되다시피 한 상황의 피해자입니다. 제품을 의도적으로 진부해지게[3] 만들어 버리는 일이 경제적으로 불가피한 일이 되고 있습니다. 제품이 한두 해 만에 박살이 나서 새로 사야 할 정도로 물건을 만들지 않으면 충분한 매

---

2 liner. 정기선.

3 built-in obsolescence. 사람들이 새 것을 사도록 유도하기 위해, 상품을 얼마 지나지 않아 구식이 되도록 만드는 것.

출이 이루어지지 않을 테니까요. 백 년 전만 해도 누가 결혼을 하면 (돈이 있는 경우의 얘기입니다만) 남은 평생 탈 만한 마차를 만들었습니다. 요즘 결혼하는 사람은 이 년 후에는 다시 팔 생각을 하고 차를 삽니다. 오늘날의 작품은 좋은 것이 되어서는 **안** 됩니다.

옷을 입는 사람에게 지퍼는 단추보다 시간과 수고를 조금이라도 덜어 준다는 점이 장점입니다. 물론 수명이 유지되는 동안만이지요. 그런데 제조자에게 지퍼는 훨씬 큰 장점이 있습니다. 수명이 그리 길지 않다는 것이지요. 그들에게는 나쁜 제품이 '꼭 필요'합니다.

우리는 이 상황을 도덕적으로 함부로 재단해서는 안 됩니다. 이것은 원죄나 자범죄의 결과라고만 볼 수 없습니다. 이것은 우연히, 그리고 뜻밖에 우리에게 찾아왔습니다. 우리의 타락한 상업주의는 이것의 원인이자 결과이기도 합니다. 제가 볼 때, 이것은 도덕적 노력만으로는 고칠 수 없습니다.

원래 사람들은 자기가 쓰려고, 또는 자신의 즐거움을 위해, 혹은 많은 경우 둘 다를 위해 물건을 만들었습니다. 원시 시대 사냥꾼은 석기나 뼈로 무기를 만듭니다. 최대한 잘 만들겠지요. 칼이 무디거나 부러진다면 사냥감을 죽이지 못할 테니까요. 그의 아내는 물을 담을 토기를 만듭니다. 본인이 써야 할 테니까 최대한 잘 만들 겁니다. 그리고 그들은 (처음에는 안 그럴지 몰라도) 얼마 안 가서 이 물건들에 장식을 할 겁니다. 그들은 (도그베리[4]처럼) "근사한 물건을 많이 지니고" 싶어 할 겁니다. 그리고 일할 때 노래를 하거나 휘파람을 불거나 콧노래라도 곁들일 것이 분명합니다. 누군가가 이야기를 들려줄 수도 있겠지요.

그러나 이런 상황에 조만간 변화가 찾아오겠지요. 처음에 그 변화는 야단스럽지 않고 해로울 것도 없어 보입니다. 에덴동산의 뱀처럼 말입니다. 더 이상 각 가족이 자신들에게 필요한 것을 일일이 만들지 않습니다. 전문가가 생깁니다. 마을 사람 전체를 위해 그릇을 만드는 도공, 모든 사람을 위해 무기를 만드는 대장장이, 모두를 위해 노래를 부르거나 이야기를 들려주는 음유시인(시인이자 음악가)이 나옵니다. 호메로스의 작품에서는 절름발이가 신들의 대장장이고 인간들 사이에서는 시인이 맹인으로 나옵니다. 아주 의미심장한 대목이지요. 사실 이 일은 이렇게 시작되었을 수도 있거든요. 사냥꾼이나 전사로 활동할 수 없는 장애인들이, 사냥을 나가고 전쟁터에 나가는 사람들을 위해 필수품과 오락거리를 제공하는 일을 따로 맡았을 수도 있습니다.

이런 변화의 중요성은, 이제 자신이 쓰기 위해서나 자신의 즐거움을 위해서가 아니라 다른 사람들의 쓸모와 즐거움을 위해 물건(토기, 칼, 서사시)을 만드는 사람들이 나왔다는 것입니다. 물

---

4   Dogberry, 셰익스피어의 희곡 《헛소동》에 나오는 야경꾼. 우스꽝스럽고 무능하고 말실수를 하면서 메시나(이탈리아 시칠리아 섬의 항구 도시) 사회의 피상성을 그대로 보여 주는 인물.

론 그들은 그 일의 대가로 이런저런 식의 보상을 받을 것입니다. 사회와 예술이 미미하고 서툴고 궁색하고 소박한 수준에 머물지 않으려면 이런 변화는 필요합니다. 이 변화가 건강하게 이루어지려면 두 가지 조건이 필요합니다. 첫째, 전문가들이 맡은 일을 최대한 잘 해내는 겁니다. 이들은 자신이 만든 작품을 쓰게 될 사람들 곁에서 삽니다. 엉터리 토기를 만든다면 마을 여자들 전체에게 쫓기게 될 것입니다. 지루한 노래를 부른다면 야유 소리에 묻혀 노래를 계속할 수 없을 것입니다. 엉터리 칼을 만든다면 잘해야 살아 돌아온 전사들에게 얻어맞을 테고, 최악의 경우에는 전사들이 적들에게 죽임을 당해 돌아오지 못하겠지요. 마을은 불타고 대장장이 자신도 노예가 되거나 맞아죽게 될 것입니다. 둘째, 이 전문가들은 누가 봐도 틀림없이 가치 있는 일을 최선을 다하여 감당하기 때문에 그 일을 하면서 기쁨을 얻는 것입니다. 그렇다고 상황을 이상화할 필요는 없습니다. 즐거움만 있지는 않을 테니까요. 대장장이는 혹사당할 수 있습니다. 음유시인은 새로운 요소가 가미된 멋진 노래를 들려주고 싶은데 마을 사람들이 지난 번 노래(혹은 그와 똑같은 새 노래)를 자꾸만 듣고 싶어 해서 속이 상할 수도 있습니다. 그러나 대체로 전문가들은 인간에게 걸맞은 삶을 살아갈 것입니다. 유용한 존재로서 적당한 명예를 얻고 기술을 발휘하는 기쁨을 누릴 것입니다.

이런 상황에서 오늘날 우리의 상태에 이르게 된 전체 과정을 기술하기에는 지면도 부족하지만 제게 그럴 만한 지식도 없습니다. 그러나 이제 이 변화의 본질은 밝혀 낼 수 있다고 생각합니다. 모두가 자기 힘으로 물건을 만들어 내던 원시 상태는 오래전에 과거지사가 되었고, 많은 이들이 (그들에게 비용을 지불할) 다른 사람들을 위해 일하는 것이 지금의 현실이지만, 그래도 세상에는 여전히 두 종류의 일거리가 있습니다. 첫 번째 종류의 일거리에 대해서는 참으로 이렇게 말할 수 있습니다. "나는 할 만한 가치가 있는 일을 하고 있다. 누구도 이 일에 대해 비용을 지불하지 않아도, 이 일은 여전히 가치 있는 일이다. 그러나 나는 가진 재산이 없고 의식주를 해결해야 하니까 이 일을 하면서 비용을 받아야 한다." 두 번째 종류의 일거리는 순전히 돈을 벌기 위한 목적으로 하는 일입니다. 비용이 지불되지 않으면 세상 어느 누구도 할 필요가 없고, 해서도 안 되고, 하지도 않을 일입니다.

하나님께 감사하게도, 첫째 범주에 속하는 일이 아직도 많습니다. 농업 종사자, 경찰, 의사, 예술가, 교사, 성직자, 이 외의 많은 이들이 그 자체로 가치 있는 일을 하며 살아갑니다. 급료가 없어도 수많은 이들이 할 것이고 하고 있는 일. 가족이 원시 상태에서 고립되어 산다면 서툴게나마 자기 힘으로 해보려고 시도할 일. 물론 이런 종류의 일거리가 반드시 유쾌하지만은 않을 것입니다. 나환자촌 사역도 이런 일 중 하나입니다.

정반대의 극단을 잘 보여 주는 두 가지 사례가 있습니다. 이

두 가지가 도덕적으로 동등하다고 말하는 건 아닙니다만, 현재 우리의 분류법으로 볼 때는 똑같습니다. 하나는 직업적 매춘입니다. 매춘부가 하는 일—그것을 일이라고 불러서는 안 된다고 하신다면, 다시 생각해 보시라고 말씀드리고 싶습니다—의 혐오스러움, 그 일을 통상의 간음보다 더 혐오스러운 것으로 만드는 요소는 그것이 돈 외의 어떤 목적도 있을 수 없는 활동의 극단적 사례이기 때문입니다. 거기엔 결혼이나 사랑은 물론이고 음욕조차 없으며, 성교를 끝으로 그 방향으로는 더 나아갈 일도 없습니다. 다른 사례는 광고입니다. 저는 수많은 사람이 이 공간을 보기 때문에 당신의 회사는 제품 광고용으로 이 자리를 사야 한다는 취지의 안내문이 적힌 광고판을 자주 봅니다. 이것이 '좋은 것을 만드는 일'과 얼마나 거리가 있는지 생각해 보십시오. 목수가 광고판을 만드는데, 광고판 자체는 아무런 쓸모가 없습니다. 인쇄업자와 종이제작자가 광고판을 알리는 광고지를 만드는데, 그 일은 누군가가 그 공간을 사서 그 위에 다른 광고지를 붙이기 전까지는 아무 가치가 없습니다. 다른 누가 그 광고판을 보고 마음이 동하여 제품을 사들여야만 그들의 광고지가 쓸모 있게 됩니다. 그 제품도 야하거나 속물적인 광고로 누군가의 마음에 인위적인 욕망을 불러일으키지 않으면 어느 누구도 사지 않을, 꼴사납고 쓸모없고 유해한 사치품일 것입니다. 이 과정의 모든 단계마다, 벌어들이는 돈 이외에는 아무런 가치도 없는 일이 이루어지고 있습니다.

이런 현상은 사고파는 행위에 압도적으로 의존하는 사회가 만들어 낸 불가피한 결과로 보일 수 있습니다. 이성적인 세상에서는 필요로 인해 물건이 만들어지겠지만, 실제 세상에서는 사람들이 물건을 만들고 거기에 들어간 돈을 받기 위해 욕망을 만듭니다. 이전의 여러 사회가 무역을 불신하고 경멸했던 것을 단지 속물근성의 발현 정도로 성급히 무시해서는 안 되는 이유가 여기에 있습니다. 무역이 중요해질수록, 더 많은 사람들이 우리가 두 번째 종류의 일거리로 지목하는 일들을 할 수밖에 없고, 더 나쁘게는, 그 일을 좋아하게 됩니다. 그리고 보수와 상관없이 가치 있는 일, 즐거운 일, 좋은 일은 운 좋은 소수의 특권이 되지요. 소비자를 찾아 나선 경쟁이 전 세계를 지배합니다.

제가 잉글랜드에서 사는 동안, 일부 실직한 사람들에게 셔츠를 사주기 위한 (매우 바람직한) 모금이 있었습니다. 그들은 셔츠 만드는 공장에서 일하다 실직한 사람들이었습니다.

이런 사태가 언제까지고 지속될 수 없다는 사실은 쉽게 예견할 수 있습니다. 그러나 불행히도, 내적 모순에 의해 이 상황이 무너지는 순간 엄청난 고통을 초래할 가능성이 높습니다. 우리가 이 상황을 자발적으로 끝낼 방법을 찾아내야만 고통 없이 마무리할 수 있습니다. 말할 것도 없이, 저에게는 그럴 만한 방안이 없고, 설령 있다 한들 우리의 우두머리들—정치와 산업 배후의 거물들—은 거기에 신경도 쓰지 않을 것입니다. 당장 유일하게 희망적인 조짐은 미국과 러시아의 '우주 개발 경쟁'입니다. 지금 우리가 처한 상황에서 주요 관심사는 사람들에게 필요한 것이나 그들이 좋아하는 것을 제공하는 것이 아니라 사람들이 물건(그것이 무엇인지는 별로 중요하지 않습니다)을 계속 만들게 하는 것이기에, 지구 바깥으로 쏘아 올릴 값비싼 물건들을 만들어 내는 데 강대국들의 역량이 그 어떤 경우보다 쉽게 동원될 수 있었습니다. 그렇게 되면 계속 돈이 돌고 공장들도 돌아가겠지요. 그런다고 우주 공간에 그리 큰 해를, 그리 오랫동안 끼치는 것도 아닐 테고요. 그러나 이것은 부분적이고 일시적인 방안입니다. 대부분의 사람들에게 해당하는 실질적인 과제는 거물들에게 우리의 치명적인 위험에 처한 경제를 끝장낼 방법을 조언하는 것이 아니라,—우리는 내놓을 방안도 없고, 그들이 귀를 기울일 리도 없습니다—우리가 그 안에서 최대한 해를 덜 끼치고 덜 타락한 상태로 살 수 있는 방법을 생각해 보는 것입니다.

이런 경제가 치명적이고 제대로 된 게 아니라는 사실을 인식하는 것만도 대단한 일입니다. 그리스도인들의 큰 이점은 다른 사람들보다 덜 타락했거나 타락한 세상에서 좀 비켜나 있다는 것이 아니라 자신이 타락한 세상에서 사는 타락한 인간임을 아는 것이듯, 무엇이 좋은 일이고 이제 그것이 어떻게 대다수 사람들에게 거의 불가능한 일이 되었는지 매 순간 기억한다면 우리는 더 잘 해낼 수 있을 것입니다. 우리는 질이 엉망인 물건들, 또는 질은 괜찮아도 만들어 낼 가치가 없는 물건들—그 수요나 '시장'이 순전히 광고로 만들어진 것들 말입니다—의 생산에 참여하여 생계를 꾸려야 할 수도 있습니다. 그러나 바벨론, 혹은 조립라인의 물가에서 우리는 속으로 여전히 이렇게 말할 것입니다. "예루살렘아 내가 너를 잊을진대 내 오른손이 그 재주를 잊을지로다."[5] (우리 손은 재주를 잊게 될 것입니다.)

물론 우리는 빠져나갈 기회가 없는지 눈을 부릅뜨고 있어야 합니다. '직업 선택'의 기회가 생긴다면 (하지만 그런 경우가 과연 얼마나 되겠습니까?) 우리는 온당한 일자리를 그레이하운드처럼 쫓아가 거기에 거머리처럼 척 달라붙어 있어야 할 것입니다. 기회가 주어진다면, 생계 때문이 아니어도 여전히 가치 있을 만한 일을 찾아 잘 감당함으로써 생계를 꾸리려고 노력해야 할 것입니다. 그러자면 우리의 탐욕을 상당히 죽이는 과정이 필요할 것입니다. 큰돈이 되는 일은 흔히 정신 나간 일거리고, 가장 힘이 덜 드는 일이기도 합니다.

그러나 이 모든 것 너머에 더 미묘한 것이 있습니다. 우리는 이런 상황에서 생겨난 사고방식에 감염되지 않도록 대단히 주의하면서 생각을 지켜야 합니다. 제가 볼 때 우리 예술가들은 이 사고방식에 감염되어 깊이 부패하고 말았습니다.

---

5   시 137:5, 개역한글.

얼마 전까지, 그러니까 지난 세기 후반부가 되기 전까지는 예술가의 과업이 대중을 기쁘게 하고 그들에게 가르침을 주는 것이었으며 그것을 당연하게 여겼습니다. 물론 대중에도 여러 부류가 있었습니다. 거리의 노래와 오라토리오는 같은 청중을 대상으로 한 노래가 아니었습니다.(하지만 저는 둘 다 좋아하는 사람들이 아주 많았다고 생각합니다.) 그리고 예술가는 자신의 대중이 처음에 원했던 것보다 더 고상한 것들을 감상할 수 있도록 그들을 이끌어 줄 수 있었습니다. 그가 그렇게 할 수 있었던 이유는 처음부터, 어느 정도 재미있고 상당 부분 이해 가능한 작품을 내놓았기 때문입니다. 그런데 이 모두가 달라졌습니다. 특히 고급 예술계에서는 예술가의 의무에 대해 어떤 말도 들을 수가 없습니다. 예술가에 대한 대중의 의무만을 말할 뿐입니다. 그는 우리에게 줄 것이 전혀 없습니다. 그는 우리의 취향, 관심사, 습관에 조금도 관심을 기울이지 않지만, 우리는 그를 '인정'해야 합니다. 그를 인정하지 않으면 우리의 이름은 쓰레기 취급을 받습니다. 이 가게에서는 틀린 쪽은 언제나 손님입니다.

그러나 이런 변화는 모든 일을 대하는 우리의 태도가 달라진 데서 나온 것이 분명합니다. 사람들에게 필요하거나 그들이 좋아하는 물건을 만드는 일보다 '일자리 제공'이 더 중요해짐에 따라, 모든 직업은 그 직업을 가진 사람을 위해 존재하는 것으로 여기는 경향이 생겨났습니다. 대장장이는 전사들이 싸울 수 있게 하려고 일하는 것이 아닙니다. 반대로, 대장장이가 바쁘게 일하게 하려고 전사들이 존재하고 싸우지요. 부족은 음유시인의 시가를 감상하기 위해서 존재합니다.

이런 태도 변화의 배후에는 산업에서 작용하는 대단히 훌륭한 동기들도 자리 잡고 있습니다. 자선 사업의 실질적 진보로 인해 '과잉 인구'라는 말 대신 '실업' 이야기를 하기 시작했습니다. 이렇게 되면 취업 그 자체가 목적이 아니라는 사실을 잊어버리게 될 위험이 있습니다. 우리는 사람들이 먹을 것을 구하는 방편으로 직업을 얻기를 바랍니다. 아무 일도 안 해도 먹을 것을 얻는 쪽보다는 나쁜 물건이라도 만들어서 먹을 것을 얻게 하는 쪽이 낫다고 믿습니다.(이것이 과연 옳은 생각일까요?)

굶주린 사람들에게 먹을 것을 주어야 할 의무가 있다고 해서, 야심만만한 자들을 "알아봐 줄" 의무까지 따라오는 걸까요? 예술에 대한 이런 태도는 좋은 작품의 탄생에 치명적입니다. 우리는 많은 현대의 소설과 시, 그림의 '진가를 알아봐야 한다'는 협박에 시달리고 있지만 그것들은 좋은 작품이 아닙니다. 처음부터 **작품**이 아니었기 때문입니다. 그것들은 유출된 감성이나 사색이 뒤섞인 웅덩이에 불과합니다. 예술가가 엄격한 의미에서 일을 할 때에는, 청중이나 관중의 기존 취향, 관심사, 역량 등을 고려합니다. 이것들은 언어나 대리석이나 물감 못지않은 원재료입니다. 무시하거나 거슬러야 할 대상이 아니라 사용하고 길들이고 승화시켜야 할 대상입니다. 이것들을 거만하게 무시하는 것은 천재성도 고결함도 아닙니다. 게으름과 무능입니다. 일을 아직 제대로 못 배운 사람의 태도입니다. 그래서 적어도 예술에 관한 한 진짜 제대로 된 작품은, 이제 영화, 탐정소설, 아동문학 등 저급 예술에 주로 등장합니다. 이런 작품들은 흔히 구조가 탄탄하고, 건조목을 정확하게 짜맞추고, 응력應力을 철저히 계산하고, 기술과 노고를 제대로 발휘하여 의도한 바를 이루어 냅니다. 제 말을 오해하지 마십시오. 물론 고급 작품들이 더욱 섬세한 감성과 심오한 사상을 드러낼 수도 있습니다. 그러나 아무리 비싼 와인이나 오일이나 약품이 투입되었다 해도, 웅덩이가 작품으로 변하지는 않습니다.

(예술의) '위대한 작품'과 (자선의) '선행'은 좋은 작품이기도 해야 합니다. 성가대는 노래를 잘 부르든지, 아예 부르지 말아야 합니다. 그렇지 않으면 대다수 사람들이 갖고 있는 다음과 같은 확신에 힘을 실어 주는 꼴이 될 것입니다. 절대로 할 필요가 없는 수많은 일을 너무나 효율적으로 해내는 사업계가 성숙하고 실제적인 진짜 세계이고, 이 모든 '문화'와 '종교'(둘 다 끔찍한 단어입니다)는 본질적으로 미숙하고 주변적이며 나약한 활동이라는 확신 말입니다.

6
종교와 우주 개발

저는 이제껏 살아오면서 과학의 이름으로 제가 믿는 종교에 반대하는 전혀 다른 두 논증이 제기되는 것을 들었습니다. 제가 젊었을 때 사람들은 이렇게 말했습니다. "우주는 생명체에 우호적이지 않을 뿐 아니라 분명히 적대적이다. 이 행성에 생명체가 생겨난 것은 백만 분의 일의 우연이었는데, 그것은 생명체에 대체로 불리하게 이루어져 있던 정교한 방어 체제가 어떤 시점에서 무너져 내린 것 같았다. 이런 일이 우주에서 두 번 이상 생겼을 거라고 생각하는 것은 성급한 판단일 것이다. 생명체의 발생은 지구에서만 벌어진 이상 현상일 가능성이 높다. 무한한 사막에 우리만 있는 것이다. 이것만 봐도 살아 있는 피조물에 관심을 갖는 창조주가 있다는 기독교의 생각이 터무니없음을 알 수 있다."

그러나 케임브리지의 우주론자 호일F. B. Hoyle이 등장하자 불과 보름 만에 제가 만나는 모든 사람이 다른 말을 하기 시작했습니다. "우주에는 생명체가 살 수 있는 별들과 많은 생명체가 존재할 것이다. 이것만 봐도 인간이 신에게 중요한 존재일 수 있다는 기독교의 편협한 생각이 터무니없음을 (마찬가지로 잘) 알 수 있다."

우리는 이것을 다른 행성에서 동물(식물은 상관없습니다)을 정말 발견할 경우 기대할 법한 것에 대한 경고로 삼아야 합니다. 새로운 발견, 심지어 새로운 이론이 하나 나올 때마다 처음에는 그것이 더없이 광범위한 신학적·철학적 중요성을 띤 것으로 간주됩니다. 불신자들은 그것을 기독교에 대한 새로운 공격의 근거로 삼습니다. 더욱 당혹스러운 사실은, 무분별한 신자들도 흔히 그것을 기독교 옹호론의 새로운 근거로 삼는다는 것입니다.

그러나 대중적인 소란스러움이 잦아들고 진짜 신학자, 진짜 과학자, 진짜 철학자들이 나서서 새로운 발견이나 이론을 곱씹어 보면, 대개는 양측 모두 자신들의 위치가 이전과 똑같다는 것을 발견합니다. 코페르니쿠스 천문학이 그랬고 다윈주의, 성서비평학, 신新심리학의 경우도 마찬가지였습니다. 그래서 저는 '다른 행성에 사는 생명체'가 설령 발견된다 해도, 그 이후의 결과는 지금까지와 마찬가지일 거라는 생각을 피할 수가 없습니다.

그 발견으로 소위 위협을 받는 것은 성육신의 교리, 즉 하나님이 "우리 인간들과 우리 구원을 위해 하늘에서 내려오셔서 인간이 되셨다"는 믿음입니다. 왜 외계의 다른 존재들이 아니라 인간을 위해서였을까요? 우리가 백만 개의 행성에 두루 흩어진 백만 가지 다양한 동물 종種 가운데 하나에 불과하다면, 우리가 유일하게 총애를 받았다는 생각은 터무니없는 오만한 발상이 아닐까요? 이 질문에 답변하기가 만만치 않다는 것은 인정합니다. 다만, 이 질문이 힘을 발휘하려면 꼭 필요한 조건이 있습니다. 우리는 다음 다섯 개 질문의 답을 알아야 합니다.

1. 지구 이외의 다른 별에 동물들이 존재합니까? 우리는 모릅니다. 언제쯤 알게 될지도 모릅니다.

2. 다른 행성에 동물들이 있다고 가정하면, 그중에 '이성적 영혼rational souls'이라 부를 만한 것을 가진 동물이 있을까요? 이성적 영혼은 추상하고 계산하는 능력만이 아니라 가치 파악 능력, '내게 좋은' 것이나 '인간 종種'에게 좋은 것 이상의 '선善'을 아는 능력을 말합니다. "그들이 이성적 영혼을 갖고 있습니까?"보다는 "그들은 영적靈的 동물들입니까?"라고 묻는 것이 낫다고 생각할 수 있습니다. 저는 두 질문이 같은 의미라고 생각합니다. 두 질문에 대한 답이 모두 부정적이라면, 우리 종이 그들과 다른 대접을 받는 것이 전혀 이상하지 않을 것입니다.

아무리 영리하고 정감이 느껴지는 동물이라 해도, 그 동물이 본성상 바랄 수도 없고 받아들일 수도 없는 것을 제의하는 것은 아무 의미가 없을 것입니다. 우리는 아이들에게 읽기를 가르치지만 개에게 읽기를 가르치지는 않습니다. 개는 뼈를 더 좋아하지요. 물론, 우리는 외계 동물의 존재 여부를 아직 모르니, 그들이 이성적(또는 '영적')인지 아는 것은 그보다 훨씬 더 요원한 일입니다.

혹시 그들을 만난다 해도 판단을 내리기가 쉽지 않을 것입니다. 아주 영리해서 말도 할 수 있지만 신학적 관점에서 보면 자연적 목적만 추구하거나 누릴 수 있는 생물도 생각해 볼 수 있을 것 같습니다. 우리가 만나는 인간들 중에도 그와 같은 존재로 **보이는** 이들—기계 같은 정신과 물질주의에 사로잡힌 도시인—이 있습니다. 그리스도인인 우리는 그들의 겉모습이 진짜가 아니라고 믿어야 합니다. 그럴 듯한 겉모습 아래 어딘가에, 아무리 쪼그라들었어도 인간 영혼이 숨어 있다고 믿어야 합니다. 그러나 다른 세계에는 이와 같은 겉모습이 진짜인 존재가 있을 수도 있습니다. 반대로, 무언가를 만드는 기술과 추상적 사고 능력이 너무나 초라해서 우리가 그냥 동물로 오인할 법한 진정한 영적 피조물들이 있을 가능성도 있지요. 하나님이 그들을 우리로부터 지켜 주시기를 바랍니다!

3. 인간 외에 이성을 갖춘 다른 종이 존재한다면, 그중 일부나 전부도 우리처럼 타락했을까요? 비기독교인들은 이 부분을 늘 잊어버리는 듯합니다. 그들은 성육신이 인류의 특정한 장점이나 탁월함을 보여 준다고 생각합니다. 그러나 천만의 말씀입니

다. 성육신이 보여 주는 것은 인류의 특정한 단점과 부패상입니다. 구속救贖을 받을 자격이 있는 피조물이라면 구속을 받을 필요가 없겠지요. 건강한 사람에겐 의사가 필요하지 않습니다. 그리스도께서 인간을 위해 죽으신 것은 인간이 구속을 받을 만한 가치가 없기 때문이요, 그럴 만한 가치가 있는 존재로 만들기 위해서입니다. 여기서 비판자들은 기독교인들을 전혀 근거 없는 가설의 파도에 빠뜨려 허우적대게 만들고 싶어 한다는 것에 주목하십시오. 우리는 지금 존재 자체가 가설에 불과한, 이성적 피조물의 타락을 가정하고 있습니다.

4. 만약 그들 모두(물론 모두라고 하면 가능성이 낮아집니다만)나 그중 하나라도 타락했다면, 그들은 그리스도의 성육신과 수난에 의한 구속을 거부당한 걸까요? 영원한 하나님의 아들이 지구 외의 다른 세계에 성육신하셔서 우리가 아닌 다른 종족을 구원하셨을 수도 있다는 생각은 그리 새로운 것이 아닙니다. 앨리스 메늘[1]은 '우주의 그리스도'에서 이렇게 쓴 바 있습니다.

······영원토록
틀림없이 우리는 백만 가지 외계의 복음들을 서로 비교하고
그분이 어떤 모습으로 가장한 채

---

1   Alice Meynell. 1847~1922년. 영국의 여류 시인, 수필가.

플레이아데스성단星團, 거문고자리, 큰곰자리를 다니셨는지 들을 것이다.

저는 '틀림없이'라고까지 말할 생각은 없습니다. 어쩌면 모든 종족 가운데 **우리**만 타락했는지도 모릅니다. 어쩌면 인간이 잃어버린 한 마리 양일지도 모릅니다. 목자가 찾으러 나선 그 한 마리 말입니다. 그게 아니라면……. 이렇게 되면 또 다른 가정의 파도에 이르게 되겠지요. 이것은 이제껏 밀려온 파도 중 가장 큰 놈이라 그 앞에서 대번 고꾸라지고 말겠지만, 저는 밀려드는 파도에 넘어지는 것을 좋아합니다.

5. 설령 우리가 1, 2, 3번 질문에 대한 답을 알고(하지만 우리는 모릅니다), 더 나아가 성육신과 수난에 의한 구속이 필요한 피조물들에게 그것이 거절된 적이 있다고 해도, 그 외의 다른 구속 방식이 존재할 수 없다는 게 확실할까요? 물론 모르는 일입니다. 아니, 하나님이 계시하지 않으시면 도저히 답을 알 수 없는 문제입니다. 우리가 하나님의 계획을 더 깊이 들여다볼 수 있다면 베들레헴 탄생과 갈보리 십자가, 그리고 빈 무덤의 방식으로만 타락한 인류를 구원할 수 있었던 이유를 분명히 알게 될지도 모릅니다. 하나님의 본성과 죄의 본질에는 이런 방식의 구원을 요구하는, 뿌리칠 수 없는 필연성이 깊게 뿌리내리고 있을지도 모릅니다. 그러나 우리는 모릅니다. 어쨌거나 저는 모릅니다. 다른 세계

는 물리적 상태뿐 아니라 영적 상태도 우리와 크게 다를 수 있습니다. 타락의 종류와 정도도 다를 가능성이 있지요. 하나님의 사랑은 측량할 수 없이 겸손하게 내려오셨을 뿐 아니라 그 방책 또한 측량할 수 없이 풍성함을 우리는 굳게 믿어야 합니다. 위대한 의사께서는 다른 질병에 대해, 혹은 같은 질병을 앓는 다른 환자에 대해, 각기 다른 치료법을 내리셨을지도 모릅니다. 설령 우리가 그 내용을 듣는다 해도 그것이 치료법이라는 사실조차도 알아채지 못할 것입니다.

다른 종의 구속 방식은 우리와 달리 우리의 구속을 통해 이루어지는 것인지도 모릅니다. 사도 바울은 이와 비슷한 내용을 암시하는 듯한 말을 한 적이 있습니다. 로마서 8장 19-23절에서 그는 온 피조물이 모종의 종살이에서 벗어나기를 갈망하고 기다리는데, 그 해방은 우리 그리스도인들이 하나님의 아들로서 온전히 자리를 잡고 "영광스러운 자유"[2]를 행사할 때 비로소 이루어질 거라고 말합니다.

제가 알기로 그는 우리 지구에 한정하여 말하고 있습니다. 그리스도 안에서 인간이 영화롭게 될 때 지구상의 동물, 그리고 어쩌면 식물의 생명도 '새로워지거나' '영광스럽게 된다'고 말입니다. 반드시라고 할 수는 없습니다만, 사도 바울의 말에 우주적 의

---

2 롬 8:21.

미를 부여할 수도 있습니다. 우리와 함께 시작된 구속이 우리로 부터, 우리를 통해 우주로 뻗어 나갈지도 모릅니다.

이렇게 되면 인간에게는 분명 중심 되는 위치가 부여될 것입니다. 그러나 그것이 우리 안에 어떤 우월성이 있다거나 하나님이 누구를 편애하신다고 암시하는 것은 아닙니다. 장군이 공격 개시 지점을 결정할 때 가장 경치가 아름다운 곳이나 가장 비옥한 들판이나 가장 매력적인 마을을 선택하지는 않습니다. 그리스도께서 마구간에서 나신 것은 마구간 그 자체가 출산에 가장 편리하거나 훌륭한 장소라서가 아니었습니다.

우리의 구속에 그런 기능이 있을 때만, 우리와 미지의 종족들 간의 접촉이 재앙으로 끝나지 않을 것입니다. 물론 우리가 타락하지 않았다면, 전혀 다른 상황이 펼쳐지겠지요.

이런 상황을 가정해 보면 꿈을 꾸게 됩니다. 우리는 유기체적 구조가 우리와 전혀 다른 (다른 감각, 다른 욕구를 가진) 존재들과 생각을 주고받을 것입니다. 그들이 우리보다 우월한 지성을 갖추었을 경우 바로 그 이유로 우리 수준으로 내려올 수 있을 것이며, 그들의 지성을 접한 우리는 그 앞에서 시기심 없이 겸손해질 것입니다. 그들이 우리만큼 강해지거나 영리해질 가능성이 없는 순수하고 천진난만한 피조물이라면 우리가 기꺼이 수준을 낮출 것입니다. 다른 세계의 거주민인 그들과 우리는 전혀 다른 이들 사이에서만 존재하는 강렬하고 풍부한 애정을 나눌 것입니다. 이것은 찬란한 꿈입니다. 그러나 실수하지 맙시다. 이것은 단지 **꿈입니다**. 우리는 타락했습니다.

우리는 인간이 이방인들을 어떻게 대하는지 압니다. 인간은 만나는 모든 종種들을 파괴하거나 노예로 삼습니다. 문명인은 야만인을 죽이고 노예로 삼고 속이고 타락시킵니다. 토양조차도 흙먼지 구덩이와 광석 찌꺼기 더미로 바꿔 버립니다. 그렇게 하지 않는 개인들이 있기는 합니다만 그들이 우주의 개척자로 나설 가능성은 낮습니다. 신세계로 가는 우리의 대사들은 가난하고 탐욕스러운 모험가나 냉혹한 기술 전문가일 것입니다. 그들은 그런 부류들이 늘 하던 일을 할 것입니다. 그들이 자기보다 약한 존재를 만날 때 어떤 일을 할지는, 흑인들과 북미 원주민들이 말해 줄 수 있겠지요. 그들이 자기보다 강한 존재를 만난다면 파멸을 맞을 것이고 그런 일을 당해도 쌀 것입니다.

그들이 타락하지 않은 종족을 만난다면 어떤 일이 벌어질지 상상만 해도 흥미롭습니다. 처음에는 물론 그들의 순수함을 신나게 조롱하고 속이고 이용해 먹겠지만, 장기적으로 볼 때 동물만도 못한 우리의 교활함은 상대편이 보여 주는 신을 닮은 지혜, 이타적인 용맹, 완전한 의견 일치 앞에서 힘을 쓰지 못할 것 같습니다.

그래서 저는 우리가 인간이 아닌 이성적 피조물들을 만날 경우 발생할 (이론적 문제가 아니라) 실제적 문제들이 우려됩니다. 그들에 맞서 우리는, 우리와 생김새와 피부색이 달랐던 사람들에게 저지른 범죄를 되풀이할 것입니다. 그 일이 가능하다면 말이지요. 그리고 하늘을 올려다볼 때마다 우리 중 선한 사람들은 죄책감을 감당하지 못하고 연민으로 괴로워하며 극한 수치심에 시달리게 될 것입니다.

물론 초기의 착취가 끝나면 우리는 좀더 잘해 보려고 뒤늦은 시도를 할 것입니다. 선교사들을 보낼지도 모릅니다. 그러나 선교사라고 해서 믿을 수 있을까요? '대포와 복음'이 끔찍하게 결합되었던 과거가 있지 않습니까? 영혼을 구원하기 원하는 선교사의 거룩한 욕망이 (그의 표현에 따르면) '원주민들'을 (소위) '개화'시키려는 오만한 욕망, 남의 일에 간섭하고 싶은 충동과 뒤섞여 나타난 경우가 적지 않습니다. 타락하지 않은 종족을 만난다면 우리의 선교사들은 그들을 알아볼까요? 알아볼 수 있을까요? 구원받을 필요가 없는 피조물들에게 하나님이 인간을 위해 마련하신 구원의 계획을 줄기차게 강요하지는 않을까요? 그 낯선 피조물들의 영적·생물학적 역사 안에서는 전적으로 정당한 일이자 하나님이 친히 복 주신 모습인데도, 인간과 다른 행동이라는 이유만으로 죄라고 지적하고 나무라지는 않을까요? 우리가 배워야 할 바가 더 많은 상대이건만, 무턱대고 그들을 가르치려고만 들지는 않을까요? 저는 모릅니다.

그러나 제가 확실히 아는 것이 있습니다. 지금 이곳에서, 미래의 만남에 대비할 수 있는 방법이 딱 하나 있습니다. 모든 착취와 모든 신학적 제국주의에 완강하게 저항하리라 다짐하는 것입니다. 그 일이 재미있지는 않을 겁니다. 아마도 인류의 배신자라고 불리게 될 것입니다. 우리는 거의 모든 사람에게 미움을 받을 것이고, 거기엔 일부 종교인들까지 가세할 것입니다. 그래도 우리는 뒤로 물러서선 안 됩니다. 결국 실패하겠지만, 올바른 편에 서서 싸우다 쓰러집시다. 우리는 인류가 아니라 하나님께 충성을 다해야 합니다. 그분의 아들들, 그렇게 될 수 있는 자들에게 껍질이나 엄니가 있다 해도, 그들이 우리의 진짜 형제입니다. 중요한 것은 생물학적인 혈족 관계가 아니라 영적인 관계입니다.

그러나 하나님께 감사하게도, 우주여행은 아직 우리에게 요원한 일입니다.

이제껏 저는 우주의 광대하고 천문학적인 거리가 하나님의 격리 조치가 아니었을까 생각했습니다. 엄청난 거리는 타락한 종의 영적 오염을 막아 줍니다. 그리고 다른 이성적 종과의 접촉이 제기할 수 있는 소위 신학적 문제도 아직은 우리와 멀리 떨어져 있습니다. 그런 종이 아예 존재하지 않을 수도 있습니다. 현재로선 그들이 존재한다는 어떤 실증적 증거도 없습니다. 논리학자들이 말하는 '선험적 개연성a priori probability'이 전부인데, 그런 식의 주장은 "다음과 같이 생각하는 것이 너무나 자연스럽다", "온갖 유비에 따르면", 또는 "다음과 같은 가능성을 배제하는 것은 오만의 극치가 아닐까?" 등으로 시작됩니다. 아주 흥미로운 주장이기는 하지만, 상습적인 노름꾼이 아닌 한, 일상생활에서 그런 주장을 근거로 어떤 가능성에 5달러라도 걸 사람이 있을까요?

그리고 앞에서 보았다시피, 그런 피조물들이 존재한다고 해도 문제될 것은 없습니다. 그다음에도 해결되어야 할 것들이 많거든요. 결국, 우리는 그들이 타락했는지 여부를 확인해야 합니다. 그들이 우리가 아는 방식으로 구속을 받지 않았다는 것과 앞으로도 그렇게 구속을 받지 않을 것임도 알아야 합니다. 다른 구속 방식은 가능하지 않다는 확신도 있어야 합니다. 기독교 신앙에 반대하여 내놓을 수 있는 난제들이 고작 이런 억측에 근거한 허깨비 수준이라면 그리스도인이 유리한 위치에 있다고 저는 생각합니다.

제 기억이 맞는다면, 성 아우구스티누스는 시티로스(파우누스), 모노포드(외다리 종족), 기타 반인+ㅅ 동물들이 신학적으로 어떤 위치를 차지할지 의문을 제기한 적이 있습니다. 그리고 그 문제는 그런 동물들의 존재 여부를 알게 될 때까지 미뤄 두어도 되겠다고 판단했습니다. 방금 우리가 다룬 문제도 마찬가지라고 생각합니다.

이렇게 물을 수 있겠습니다. "하지만 만약에, 만약에 이 모든 당혹스러운 가정이 사실로 드러난다면 어떻게 하지요?" 저로서는 그런 일은 없을 거라는 확신을 밝힐 따름입니다. 세월이 갈수록 이 확신이 점점 강해집니다. 그리스도인들과 그들의 반대자들은 어떤 새로운 발견으로 신앙의 문제가 지식의 문제로 바뀌거나 명백히 터무니없는 소리로 밝혀지기를 거듭거듭 기대합니다. 그러나 그런 일은 일어나지 않았습니다.

우리가 믿는 바는 언제나 지적으로 가능한 일에 머물 것입니다. 그것이 지적으로 불가피한 것이 되는 날, 세상은 끝이 날 거라고 생각합니다. 우리는 기독교에 반대되는 **거의** 결정적인 증거, (가능한 일이라면) 택한 자들까지 속일 증거가 적그리스도와 함께 나타날 거라는 경고를 받았습니다.

그리고 그다음에는 그 반대쪽에 해당하는 전적으로 결정적인 증거가 나타날 것입니다.

그러나 그날이 오기 전까지는, 어느 쪽에도 그런 증거는 나오지 않을 거라고 저는 생각합니다.

7
세상의 마지막 밤

현대의 그리스도인들은 물론 신학자들조차도 신앙의 선조들처럼 그리스도의 재림 교리를 강조하기를 주저합니다. 여기에는 많은 이유가 있습니다. 하지만 그리스도께서는 다시 오시겠다고 약속하셨고, 어찌 보면 으름장을 놓으셨다고 할 수도 있습니다. 그렇다면 재림에 대한 가르침을 완전히 내버리거나 계속 무시하면서 그리스도의 신성과 기독교 계시의 진리성에 대한 믿음을 식별 가능한 형태로 보존하기는 불가능할 것입니다. 사도신경은 그리스도께서 "저리로서 산 자와 죽은 자를 심판하러 오시리라"라고 말합니다. 사도행전에서 천사들은 이렇게 말했습니다. "이 예수는, 하늘로 올라가시는 것을 너희가 본 그대로 다시 오실 것이다."[1] 우리 주님은 친히 이렇게 말씀(하시고 십자가 처형을 자초)하셨습니다. "인자가……하늘 구름을 타고 오는 것을 너희가 보리라."[2] 이것이 성도들에게 단번에 주신 믿음[3]의 주요 부분이 아니라면 무엇이겠습니까. 앞으로 몇 쪽에 걸쳐 저는 현대인들이 구세주의 다시 오심, 즉 재림再臨을 확고히 믿지 못하게 하고 그것에 제대로 관심을 기울이지 못하게 만드는 몇 가지 생각들을 살펴보고자 합니다. 여기에 관련된 학문 분야에 대해 제가 전문가로 자처할 마음은 없습니다. 제 머릿속에서 떠올랐던 생각들, 제게는 도움이 되는 것 같았던(틀릴 수도 있을 겁니다) 생각들을 제시하는 것뿐입니다. 제가 내놓는 내용에 혹시 오류가 있다면 지혜로운 분들이 바로잡아 주시길 바랍니다.

이 교리에 현대 그리스도인들이 당혹감을 느끼는 이유는 두 가지로 나눌 수 있는데, 이론적인 이유와 실제적인 이유라 부르겠습니다. 이론적인 이유를 먼저 살펴보겠습니다.

많은 사람이 이 교리를 조심스러워하는 이유는 알베르트 슈바이처 박사라는 위대한 이름과 관련된 학파에 대한 반발(제가 볼 때 매우 적절한 반발) 때문입니다. 그 학파에 따르면, 그리스도의 재림과 세상의 마지막에 관한 그분의 가르침, 신학자들의 용

---

1   행 1:11, 새번역.
2   막 14:62.
3   유 1:3.

어로 말하자면 '묵시록적apocalyptic' 가르침이 그분 메시지의 핵심이었습니다. 그분의 다른 모든 교리는 그것에서 퍼져 나왔고, 그분의 모든 도덕적 가르침은 세상의 종말이 속히 올 거라는 믿음을 전제하고 있었다는 것입니다. 체스터턴도 지적한 바 있는 것 같은데, 이런 견해를 극단까지 밀어붙이면 그리스도가 지역 사회에 '공포감을 조성'했던 윌리엄 밀러[4] 정도의 인물로 보이게 됩니다. 슈바이처 박사가 이 견해를 극단까지 밀어붙였다는 말은 아닙니다만, 어떤 사람들은 그의 사상이 우리를 그런 방향으로 이끈다고 생각했습니다. 따라서 이런 극단적인 입장을 우려한 나머지 슈바이처 학파가 지나치게 강조한 내용을 누그러뜨리려는 경향이 생겨났습니다.

저로서는 종교뿐 아니라 무슨 일에서건 반발에서 나온 행동들을 싫어하고 불신합니다. 루터는 인류가 말을 타고 가는 주정뱅이와 같다고 했습니다. 말의 오른쪽으로 떨어진 다음에는 꼭 말의 왼쪽으로 떨어진다는 것이지요. 참으로 타당한 말입니다. 저는 그리스도의 묵시록적 말씀이 그분의 메시지의 전부라는 생각은 잘못되었다고 확신합니다. 그러나 누군가 어떤 대상을 과장해서 말했다고 해서 그것이 사라지는 것은 아니며, 잘못된 것

---

4 William Miller. 1782~1849년. 미국의 종교가. 1818년 재림파를 세워 그리스도의 재림이 임박했다고 주장했고, 1843년과 44년에 그리스도의 재림을 예언했지만 실현되지 않았다. 추종자들이 여러 교파로 나뉘었는데 그중 제7일안식일예수재림교가 가장 크다.

으로 드러나는 것도 아닙니다. 원래 있던 자리에 그대로 있을 뿐입니다. 달라진 점이 있다면 최근에 과장되었던 것을 무시하지 않도록 특별히 주의해야 한다는 것입니다. 이제 주정뱅이가 바로 그쪽으로 떨어질 가능성이 아주 높기 때문입니다.

'묵시록적'이라는 이름이 붙은 글은 우리 주님의 재림 예언들만이 아닙니다. 다른 묵시록도 있습니다. 〈바룩묵시록〉, 〈에녹서〉, 〈이사야의 승천〉 등입니다. 그리스도인들은 이 문서들을 성서로 여기지 않고, 대부분의 현대인에게 이 장르는 지루하고 별볼일 없게 보입니다. 따라서 '상당히 비슷한 내용으로 이루어진' 우리 주님의 예언도 신빙성이 없다는 느낌이 생겨납니다. 주님의 예언 말씀에 대한 공격은 때로는 혹독하게, 때로는 좀 점잖게 이루어질 수 있습니다.

혹독한 공격은 무신론자의 입을 통해 이런 식으로 이루어질 것입니다. "거 봐. 결국 당신네가 과시하는 예수도 다른 묵시록 작가들과 다를 바 없는 괴짜에 사기꾼이잖아." 현대주의자가 내놓을 좀더 점잖은 공격은 아마도 이렇게 펼쳐질 수 있습니다. "모든 위인은 한편으로는 자기 시대에 갇혀 있고, 한편으로는 모든 시대를 대표하네. 그의 작품에서 중요한 것은 그의 시대를 초월하는 측면이지, 수천 명의 잊힌 동시대인들과 공유했던 부분이 아니네. 우리가 셰익스피어를 귀하게 여기는 것은 그의 탁월한 언어 능력과 인간의 마음에 대한 지식 때문인데, 그것은 그만의 것이라네. 그의 가치는 마녀나 왕권신수설을 믿고 목욕을 매일 하지 않은 데 있는 게 아니란 말이네. 예수님의 경우도 마찬가지네. 조만간 재난이 닥쳐 역사가 종결될 거라는 그의 믿음은 위대한 교사로서가 아니라 1세기 팔레스타인 농부로서 그가 가졌던 믿음이었네. 그것은 그로서도 피할 수 없는 한계였을 테니, 빨리 잊는 것이 상책이야. 그분을 다른 1세기의 팔레스타인 농부들과 구분해 주는 측면, 그의 도덕적·사회적 가르침에 집중해야 한다네."

재림 같은 것은 없다는 논증으로서의 이런 주장은 사안의 논점을 회피하고 있는 것으로 보입니다. 위인의 가르침에서 당대의 사고와 공통적인 신조는 무시해야 한다는 말에는 그 시대의 사고가 오류였다는 전제가 깔려 있습니다. 위인이 살던 시대의 사고를 '초월하는' 신조들을 골라 진지하게 고려해야 한다는 말에는 **우리** 시대의 사고가 옳은 것이라는 전제가 깔려 있습니다. 위인의 시대를 초월하는 사상의 실제적인 의미는 '우리의 생각과 일치하는 사상'이기 때문입니다. 제가 셰익스피어가 제시하는 리어 왕이 변화된 모습을 왕권신수설에 관련한 그의 견해보다 높이 평가하는 이유는, 리어 왕처럼 고통을 통해 사람이 정화될 수 있다는 데는 동의하지만 왕(이나 그 어떤 통치자들도)이 신적 권리를 갖고 있다고는 믿지 않기 때문입니다. 위인의 견해가 오류로 보이지 않을 때는 그 견해가 동시대 사람들과 같다는 이유로 더 낮게 평가하지는 않습니다. 셰익스피어는 배신을 경멸했고 그리스도께서 가난한 자들을 축복하신다고 믿었는데, 이런 생각들은 당대 사람들에게 이질적인 것이 아니었습니다. 그러나 그것을 이유로 그의 생각들이 신빙성이 없다고 말하지는 않습니다. 묵시록이라는 장르가 1세기 팔레스타인에서 흔히 볼 수 있는 것이었다는 이유로 그리스도의 묵시록을 거부한다면, 그것은 그 부분에 대한 1세기 팔레스타인 사람들의 생각이 잘못되었다고 이미 결정을 내렸기 때문일 것입니다. 그러나 그런 결정을 이미 내렸다는 것은 논점을 교묘하게 회피해 버렸다는 의미가 됩니다. 질문의 핵심은 '현재의 우주가 하나님이 정해 놓으신 대로 대재앙을 당해 종말을 맞을 거라는 생각이 참인가, 거짓인가'이기 때문입니다.

이 부분에서 열린 마음을 갖고 있다면, 문제 전체가 달라집니다. 이 종말이 실제로 일어나게 된다면, 그리고 (실제로 그런 것과 같이) 유대인들이 그것을 기대하도록 종교적인 훈련을 받았다면, 그들이 묵시문학을 내놓는 것은 대단히 자연스러운 일이 됩니다. 이 가정에 따라 바라보면, 우리 주님이 다른 묵시 문건들과 유사한 주장을 내놓으신 것을 그 시대의 오류에 매여 있었던 결과라고 말할 수 없습니다. 오히려 하나님이 당대 유대교의 건전한 요소를 활용하신 일이 될 것입니다. 우리 주님이 바로 그 시간과 공간을 선택하여 기꺼이 성육하신 이유는 유대교의 그 요소가 그때 그곳에 존재했기 때문일 것입니다. 이 요소는 그분의 영원한 섭리에 따라 바로 그렇게 쓰임 받기 위해 생겨난 것일 테고 말입니다. 성육신의 교리를 받아들인다면, 1세기 팔레스타인 문화의 어떤 환경이 그분의 가르침을 방해하거나 왜곡했다는 말을 함부로 할 수 없을 것입니다. 그 말은 하나님이 지상에 머무신 장소가 제멋대로 정해졌다는 의미이며 다른 장소가 그보다 나았을 거라는 의미가 될 테니까요.

그런데 더 심각한 반론이 있습니다. 대체로 이런 내용입니다. "마음껏 떠들어 보시지. 초대 기독교인들의 묵시록적 믿음은 거짓으로 드러났으니까. 신약성서를 보면 그들 모두는 재림이 살아생전에 있을 거라고 생각한 것이 분명해. 그럴 만한 이유가 있었거든. 그 이유를 알게 되면 당신, 아주 당황할 걸. 설상가상이지. 그들의 주인이 그렇게 말한 거야. 그들의 망상을 그도 갖고 있었어. 아니, 그 망상을 만들어 낸 사람이 바로 그였어. 그는 '이 세대가 지나가기 전에 이 일이 다 일어나리라'[5]라고 수없이 말했거든. 그리고 그는 틀렸어. 세상의 종말에 대해 모르기는 그도 남들과 다를 바 없었던 거야."

그것[6]은 분명 성경에서 가장 당혹스러운 구절입니다. 하지만

---

5   막 13:30.
6   막 13:30.

그 구절에서 열 단어도 지나가기 전에 이런 말이 나오고 있으니, 이 또한 얼마나 성가신 일입니까. "그러나 그날과 그때는 아무도 모르나니 하늘에 있는 천사들도, 아들도 모르고 아버지만 아시느니라."[7] 한 가지 오류 사례와 무지의 고백이 나란히 나타나고 있습니다. 두 말씀 모두 예수님의 입에서 나왔으며 보고자가 임의로 적어 넣은 것이 아님을 의심할 필요는 없을 것입니다. 보고자가 완전히 정직하지 않았다면 무지를 고백하는 예수님의 말을 기록하지 않았을 테니까요. 온전한 진실을 말하겠다는 마음 외에는 다른 동기가 있을 수 없습니다. 이 부분은 이후의 필사자들도 마찬가지입니다. 그들이 정직하지 않았다면, 시간이 흘러 (외견상) 오류가 드러난 상황에서 "이 세대"에 대한 (외견상) 잘못된 예언을 그대로 남겨 두지는 않았을 것입니다. 이 구절(막 13:30-32)과 "어찌하여 나를 버리셨나이까?"(막 15:34)라는 부르짖음을 나란히 놓으면 신약성경이 역사적으로 신뢰할 만함을 보여 주는 가장 강력한 증거가 구성됩니다. 복음서 기록자들은 정직한 증인의 가장 중요한 특성을 가지고 있습니다. 첫눈에 자신들의 핵심 주장을 훼손하는 듯 보이는 사실들을 언급하고 있다는 점입니다.

분명한 사실을 정리해 봅시다. 예수님은 자신이 (어떤 의미에서) 모르는 것이 있다고 털어놓으셨고, 잠시 후 정말 그렇다는 것

---

7   막 13:32.

을 보여 주셨습니다. 성육신을 믿으면, 즉 예수님이 하나님이심을 믿으면 어떻게 그분이 모르는 것이 있을 수 있는지 이해하기 어려워집니다만, 한편으로는 정말 그럴 수 있을 거라고 확신할 수 있습니다. 모르는 것이 있는 신이, 다 알면서 모르는 척 거짓말하는 신보다는 덜 당황스럽기 때문입니다. 신학자들의 대답은 신인神人이 하나님으로서는 전지하지만 인간으로서는 모르는 것이 있다는 것입니다. 잘 상상이 되지는 않지만 이것은 분명한 사실입니다. 그리스도가 주무실 때의 무의식 상태와 유아기의 어슴푸레한 이성도 참으로 상상이 되지 않습니다. 그분이 어머니의 자궁 속에서 그저 하나의 유기체로 존재했다는 것은 더더욱 상상할 수 없습니다. 그러나 자연과학은 신학 못지않게 상상할 수 없는 많은 것을 믿으라고 말합니다.

우주에서 공간이 휘어지는 현상을 배운 세대라면 성육하신 하나님의 의식을 상상할 수 없다고 해서 주춤거릴 필요가 없습니다. 그 의식 안에서 일시적인 것과 영원한 것이 결합되었습니다. 저는 우리가 이 지점에서 신비를 받아들일 수 있다고 생각합니다. 단, 하나님의 영원한 생명을 또 다른 형태의 시간으로 상상하여 상황을 악화시키지 않도록 주의해야 합니다. 그리스도가 모르는 것이 있는 **동시에** 어떻게 전지全知할 수 있는지, 주무시는 **동안** 어떻게 졸지도 주무시지도 않는 하나님일 수 있는지 묻는 것은 이 같은 오류에 해당합니다. 강조 표시된 두 표현에는 하나님이신 그분의 영원한 생명과 인간으로서 날과 달과 해를 살아가는 생명을 시간적인 관계로 엮어 보려는 시도가 숨겨져 있습니다. 물론 그런 관계는 있을 수 없습니다. 성육신은 하나님의 지상생애 중에만 벌어진 하나의 에피소드가 아닙니다. 하나님의 어린양은 영원부터 죽임을 당합니다.(그래서 아마 태어나시고, 성장하시고, 부활하신 것일 것입니다.) 신성神性이 인성人性을 그 모든 무지, 한계와 함께 받아들인 것은 시간 속에서만 이루어진 사건이 아닙니다. 하지만 그렇게 받아들여진 인성은 우리의 인성이 그렇듯 시간 속에서 살아가고 죽어 가는 어떤 것이었습니다. 그렇다면 인성안에 있는 한계와 무지가 어느 시점에서 드러날 것임을 예상해야마땅합니다. 예수께서 답을 몰라서 물어보신 적이 없다고, 즉 진짜 질문을 하신 적이 없다고 생각하기는 어렵습니다. 제게는 그런 생각이 불쾌합니다. 그렇게 되면 그분의 인성은 우리의 인성과너무 달라서 인성이라고 부르기가 적절하지 않을 것입니다. 저는예수님이 "내게 손을 댄 자가 누구냐?"(눅 8:45)라고 물으셨을 때정말 알고 싶어서 물으신 거라고 믿습니다. 그쪽이 더 쉽습니다.

제가 지금까지 논한 난점들은 어느 정도 곁가지에 해당하는것들입니다. 그 자체가 불신을 만들어 내기보다는 다른 근거에 기초해 이미 생긴 불신을 강화하는 역할을 하는 것들입니다. 그런데이제는 훨씬 더 중요하지만 의식하기 쉽지 않은 문제와 맞닥뜨리게 되었습니다. 재림의 교리는 진화론적이고 발전적인 현대 사상의 특성과 도대체 맞지 않습니다. 우리는 세상이 완전을 향해 서서히 자라 가는 그 무엇, '진보'하거나 '진화'하는 그 무엇이라고 생각하도록 배웠습니다. 그런데 기독교 종말론은 그런 희망을 주지 않습니다. 세상이 서서히 쇠퇴할 거라 말하는 것도 아니고요. (그랬다면 그나마 참아 줄 만하겠지요.) 기독교 종말론은 외부 세력의 개입으로 갑작스럽게, 폭력적으로 종말이 임할 거라고 예언합니다. 촛불 위로 소화기가 분사되고, 축음기에 벽돌이 날아들고, 연극 도중에 막이 내려지면서 이런 소리가 들려올 겁니다. "중지!"

이 뿌리 깊은 반론에 대해 제가 대답할 말은 하나뿐입니다. 현대의 진보 또는 진화(대중적으로 상상되는) 개념은 신화에 불과하며 그것을 뒷받침하는 증거는 전혀 없다는 것입니다.

저는 이것을 "대중적으로 상상하는 진화"라고 말합니다. 생물학의 한 가지 이론인 다윈주의를 반박할 생각은 전혀 없습니다. 그 이론에 여러 결함이 있을 수도 있습니다만, 여기서 그것을 다룰 생각은 전혀 없습니다. 생물학자들이 다윈주의적인 입장 전체에서 물러날 생각을 하고 있다는 조짐들이 있을 수도 있지만, 제가 그런 조짐들을 평가할 자격이 있다고 말할 생각은 없습니다. 다윈이 정말 설명했던 것은 종種의 기원이 아니라 종의 제거라는 주장도 가능하겠지만, 이 자리에서 그에 관한 논증을 펼칠 생각은 없습니다. 이 글의 목적상 저는 다윈주의 생물학이 옳다고 가정하겠습니다. 제가 지적하고 싶은 것은 생물학의 다윈주의 이론에서 현대의 진화주의나 발전주의, 또는 일반적인 진보의 신화로 넘어가는 것은 부당한 일이라는 점입니다.

먼저 주목해야 할 것은 진화의 신화가 다윈주의 이론 이전, 즉 어떤 증거도 나타나기 전에 생겨났다는 점입니다. '고등한' 것이 언제나 '하등한' 것을 대체한다는 본질적인 필연성으로 우주 개념을 구현하는 두 편의 위대한 예술 작품이 있습니다. 하나는 키츠의 〈히페리온〉이고, 또 하나는 바그너의 〈니벨룽의 반지〉입니다. 두 작품 모두 《종의 기원》보다 앞서 저술되었습니다. 오케아노스의 말은 발전주의 또는 진보의 개념을 그 무엇보다 분명하게 표현해 주고 있습니다.

가장 아름다운 자가 가장 강한 자가 되어야 한다.
이것은 영원한 법이다.[8]

바그너의 4부작 〈니벨룽의 반지〉에 등장하는 다음 문구는 그가 이 개념을 열렬히 받아들였음을 말해 줍니다.

(바그너는 1854년에 뢰켈에게 보낸 편지에서 이렇게 적고 있습니다.) 그러므로 이 시詩 전체의 진행은 실재의 변화, 다양성, 다중성, 영

—
8 〈히페리온〉에 나오는 대양大洋의 신 오케아노스의 말.

원한 새로움을 파악하고 받아들여야 할 필요성을 보여 주네. 보탄은 자신의 몰락을 도모하는 더없는 비극을 초래하지. 이것이 우리가 인간의 역사에서 배워야 하는 전부일세. 필연적인 것을 바라고 의지를 발휘해 그 일이 이루어지게 하는 것 말일세. 자기를 버리는 이 최고의 의지가 마침내 이루어 낸 창조적인 업적이 용맹하고 사랑이 변치 않는 남자, 지크프리트일세.*

따라서 진화의 신화(모든 현대 사상에서 너무나 강력한 영향력을 발휘하지요)가 다윈 생물학의 결과라는 생각은 역사적으로 잘못된 것 같습니다. 그리고 다윈주의의 매력은 진화의 신화가 필요로 하던 과학적 확신을 제공했다는 데 있습니다. 진화의 증거가 나오지 않았다면, 증거를 만들어 낼 필요가 있었을 것입니다. 그 신화의 진정한 근원은 부분적으로 정치적인 데 있습니다. 그것은 우주적 스크린에 혁명기가 낳은 정서를 투사합니다.

---

* "Der Fortgang des ganzen Gedichtes zeigt demnach die Notwendigkeit, den Wechsel, die Mannigfaltigkeit, die Vielheit, die ewige Neuheit der Wirklichkeit und des Lebens anzuerkennen und ihr zu weichen. Wotan schwingt sich bis zu der tragischen Höhe, seinen Untergang zu wollen. Dies ist alles, was wir aus der Geschichte der Menscheit zu lernen haben: das Notwendige zu wollen und selbst zu vollbringen. Das Schöpfungswerk dieses höchsten, selbst vernichtenden Willens ist der endlich gewonnene furchtlose, stets liebende Mensch; Siegfried."
이 강력한 신화의 기원을 좀더 충실히 연구해 보면 독일 관념론에 이를 것이고, 거기에서 다시 (내가 들은 바에 따르면) 뵈메Boehme를 거쳐 연금술에 도달할 것입니다. 혹시 변증법적 역사관 전체가 금을 만들 수 있다는 옛 꿈을 거대하게 투사한 것은 아닐까요?

두 번째로 주목해야 할 것은 자연 선택이 우연한 변이에 작용하여 개선을 낳는 일반적 경향이 있다는 믿음을 다윈주의가 지지하지 않는다는 사실입니다. 자연 선택에 그런 경향이 있다는 환상은 (우리의 자의적인 기준을 적용하고) 더 나아진 소수의 종에 우리의 관심을 한정시켜서 생겨난 것입니다. 그러니까 말馬이 진화했다는 말은 프로토히푸스[9]가 현대의 그 후손에 비해 우리에게 덜 유용하다는 의미일 뿐입니다. 유인원이 진화했다는 말은 그 유인원이 지금의 우리가 되었다는 의미일 뿐입니다. 그러나 진화로 생겨난 수많은 변화 중에는 어떤 기준으로 봐도 개선이라고 할 수 없는 것들이 많습니다. 전쟁터에서 사람들은 때로는 전진해서, 때로는 후퇴해서 목숨을 건집니다. 생존을 위한 투쟁에도 이런 현상이 있습니다. 종들은 때로는 자신의 능력을 증대시켜서, 때로는 버림으로써 생명을 구합니다. 생물의 역사에서 진보의 일반 법칙은 없습니다.

　세 번째로 보아야 할 것은, 설령 그런 법칙이 있다 해도 윤리적·문화적·사회적 역사에 공통적으로 적용 가능한 진보의 법칙이 있다(이것은 분명 사실이 아닙니다)는 결론이 따라 나오는 것은 아니라는 겁니다. 진보를 선호하는 선입견 없이 세계사를 바라보는 사람이라면 그 안에서 꾸준히 이어지는 상승 곡선을 발견

9　protohippos. 진화론에서 현대 말의 조상으로 여기는 여러 원시 말 중 하나.

하지 못할 것입니다. 일정한 기간 동안, 한 분야로 한정하여 생각해 본다면 진보는 종종 있습니다. 도자기를 빚거나 그림을 그리는 어떤 유파, 특정 방향으로의 도덕적 노력, 하수 설비나 조선 같은 실용적 기술은 오랜 시간에 걸쳐 꾸준히 향상될 수도 있습니다. 이런 진보가 삶의 모든 부분으로 확장되고 끝없이 이어진다면, 우리 선조들이 믿었던 그런 '진보'가 이루어질 겁니다. 하지만 세상일은 그렇게 돌아가지 않습니다. 그 '진보'는 중단되거나(야만족의 침략이나, 더욱 저항하기 어려운 현대 산업주의의 침투 등으로), 신비하게도 저절로 쇠퇴합니다. 우리 머리에서 재림을 몰아내고 있는 이 생각, 세계가 서서히 무르익어 완전함에 이른다는 생각은 경험에서 이끌어 낸 일반화가 아니라 신화입니다. 우리의 진정한 의무와 진짜 관심을 가져야 할 문제에 집중하지 못하게 만드는 신화입니다. 이것은 우리가 등장인물로 출연하고 있는 연극의 줄거리를 알아맞히려는 시도입니다. 하지만 연극 속 등장인물이 그 줄거리를 어떻게 알 수 있겠습니까? 우리는 극작가가 아니고, 제작자도 아니며, 심지어 청중도 아닙니다. 우리는 무대에 서 있습니다. 다음 장면이 어떻게 될지 추측하는 것보다는 우리가 '등장하는' 장면에서 연기를 잘하는 것이 우리에게 훨씬 중요한 일입니다.

《리어왕》(3막 4장)에 보면 너무 단역이라서 셰익스피어가 이름도 붙이지 않은 남자가 나옵니다. 그저 '시종 1'로만 되어 있습니다. 리건, 콘월, 에드먼드 등 주위의 등장인물들은 다들 근사한 장기 계획을 갖고 있습니다. 그들은 자신들이 이야기가 어떻게 끝날지 알고 있다고 생각합니다. 하지만 그들의 생각은 완전히 틀렸습니다. 시종 1에겐 그런 망상이 없습니다. 그는 연극이 어떻게 진행될지 전혀 모릅니다. 그러나 현 장면의 상황은 파악하고 있습니다. 그는 끔찍한 광경(나이 든 글로스터의 눈을 뽑는 모습)을 봅니다. 그리고 그것을 참을 수가 없습니다. 그는 칼을 뽑아 들고 주인의 가슴을 겨눕니다. 그때 리건이 그를 뒤에서 찔러 죽입니다. 그가 맡은 역할은 그게 다입니다. 전부 여덟 줄입니다. 그러나 그 이야기가 실제 상황이고 연극이 아니라면 그것이야말로 최고의 역할이었을 겁니다.

재림의 교리는 세상이라는 연극이 언제 끝날지 모르고, 알 수도 없다고 가르칩니다. 막은 언제라도 내려올 수 있습니다. 당신이 이 단락을 다 읽기도 전에 그 순간이 올 수도 있습니다. 어떤 사람들은 그런 상황이 참을 수 없을 만큼 속상할 것입니다. 너무나 많은 일들이 중단되고 말 테니까요. 다음 달에 결혼할 예정일 수도 있습니다. 다음 주 승진을 앞두고 있을 수도 있습니다. 엄청난 과학적 발견을 눈앞에 두고 있을지도 모릅니다. 위대한 사회적·정치적 개혁을 완성시킬 참일 수도 있습니다. 그래서 이렇게 말합니다. "선하고 지혜로운 하나님이라면 이 모든 일을 중단시킬 만큼 불합리할 수는 없어, 안 그래? 다른 때라면 몰라도, **지금은 아니야!**"

우리가 이렇게 생각하는 이유는 연극의 내용을 안다고 자꾸만 생각하기 때문입니다. 우리는 연극의 내용을 모릅니다. 우리가 1막에 있는지 5막에 있는지 알지 못합니다. 우리는 누가 주요인물이고 누가 단역인지 모릅니다. 그러나 저자는 압니다. 청중이 있다면(천사들과 천사장들과 하늘의 모든 무리가 일반석과 특별석을 채우고 있다면) 그들은 어렴풋이 감을 잡을지 모릅니다. 그러나 외부에서 연극을 바라본 적이 없고, 우리와 같은 장면에 '등장'하는 몇몇을 제외하고는 다른 등장인물을 본 적도 없으며, 미래에 대해 전혀 모르고 과거에 대해서도 극히 불완전한 지식밖에 없는 우리는 어느 순간에 끝이 찾아올지 전혀 알 수 없습니다. 적당한 때가 되면 끝나리라는 것은 확신할 수 있지만, 그때가 언제일지 추측하는 것은 시간 낭비입니다. 연극에 의미가 있는 것은 분명하지만, 어떤 의미인지는 알 수 없습니다. 연극이 끝날 때 우리는 듣게 될 겁니다. 성경의 가르침에 따라, 우리는 저자께서 우리 각자가 연기한 역할에 대해 각기 말씀이 있을 거라 예상하고 있습니다. 그 역할을 잘 해내는 것은 더없이 중요한문제입니다.

그렇다면 우리가 좋아하는 현대의 신화와 맞지 않는다는 이유로 재림 교리를 거부해서는 안 될 것입니다. 오히려 그것을 더욱 가치 있게 여기고 더욱 자주 묵상의 주제로 삼아야 합니다.

재림 교리는 지금 우리에게 꼭 필요한 약입니다.

이 말까지 했으니, 이제는 실제적인 이유로 넘어가 보겠습니다. 재림 교리를 그리스도인의 삶의 중요한 자리에 놓으면서 특정한 위험을 피하기란 정말 어려운 일입니다. 그 위험에 대한 우려 때문에 재림 교리를 받아들이는 많은 교사들이 재림에 대해 그리 많은 말을 하지 않는 것 같습니다.

이 교리 때문에 과거에 그리스도인들이 대단히 어리석은 일들을 저질렀습니다. 이 사실은 인정해야 합니다. 많은 사람들이 이 위대한 사건을 믿는 데서 멈추지 않고 그 날짜를 알아맞히려 하거나, 사기꾼이나 히스테리 환자가 제시하는 날짜를 확실한 것으로 받아들입니다. 거짓으로 드러난 그 모든 예언의 사례를 다 적자면 책 한 권 분량은 족히 될 것입니다. 슬프고 칙칙하고 희비극적인 책이 되겠지요. 사도 바울이 데살로니가후서를 쓰고 있을 때도 비슷한 예언이 돌고 있었습니다. 누군가가 사람들에게 '그날'이 '임박했다'고 말했습니다. 이런 예언이 낳는 결과는 어디나 비슷한 모양입니다. 사람들이 게으름을 부리고 남의 일에나 참견하고 다녔으니까요. 1843년의 가엾은 윌리엄 밀러도 그런 예언자였습니다. 제법 유명한 사례였지요. 밀러(제가 볼 때 그는 정직한 광신자였습니다)는 재림의 시기를 연도와 날짜는 물론, 분 단위까지 추정했습니다. 때마침 찾아온 혜성이 부추긴 망상이었습니다. 수천 명의 사람들이 3월 21일 자정에 주

님을 기다렸고, 다음 날 아침, 한 주정뱅이의 조롱을 받고서야 집
으로 돌아가 늦은 아침 식사를 했습니다.

그런 집단 히스테리를 다시 불러일으킬 말을 하고 싶은 사람
은 없을 것입니다. 단순하고 쉬 흥분하는 사람들에게 '그날'에 대
해 말할 때는 그 시기를 결코 예측할 수 없음을 거듭거듭 강조
해야 합니다. 예측 불가능성이 재림 교리의 핵심이라는 점을 보
여 줘야 합니다. 주님의 말씀을 믿지 않는 경우라면 그분의 재림
은 왜 믿는 걸까요? 그분의 말씀을 믿는다면 그분이 오실 날을
알아맞히려는 시도를 영원히 완전하게 포기해야 하지 않겠습니
까? 재림에 대한 주님의 가르침은 분명한 세 가지 명제로 이루어
져 있었습니다. (1) 그분은 분명히 돌아오실 것입니다. (2) 우리는
그때가 언제인지 결코 알 수 없습니다. (3) 그러므로 항상 그분을
맞을 준비를 해야 합니다.

'그러므로'에 주목해 주십시오. 재림의 순간이 언제일지 알
수 없으므로 우리는 언제나 준비하고 있어야 합니다. 우리 주님
은 이 실제적인 결론을 거듭 되풀이하셨습니다. 마치 이 결론을
위해 재림을 약속하신 것처럼 보일 정도입니다. 깨어 경계하라,
이것이 주님의 조언의 요지입니다. '나는 도둑처럼 올 것이다. 엄
중히 말하노니 너희는 내가 다가오는 것을 보지 못할 것이다. 집
에 도둑이 언제 들지 알았더라면 집주인은 도둑이 집에 들어오
지 못하게 준비를 했을 것이다. 집을 떠났던 주인이 언제 돌아올

지 종이 알았다면 부엌에서 술 취한 모습으로 발견되지 않았을 것이다. 그러나 그들은 몰랐다. 너희도 알지 못할 것이다. 그러므로 언제나 준비하고 있어야 한다.'[10] 요점은 아주 간단합니다. 학생은 그리스어 수업 시간에 베르길리우스의 책 어느 부분을 번역해 보라는 말을 들을지 모릅니다. 그러므로 **어느** 대목이든 번역할 수 있게 준비해야 합니다. 보초는 언제 적이 경계 구역을 침범할지, 언제 장교가 순찰을 돌지 모릅니다. 그러니 **항상** 깨어 있어야 합니다. 재림의 시기는 전혀 예측할 수 없습니다. 언제나 그랬듯이 전쟁의 소문이 돌고 전쟁이 터지고 온갖 재난이 있을 겁니다. 하늘이 두루마리처럼 말리기 직전에도 세상은 그런 면에서 보통 때와 다를 바 없을 겁니다. 우리는 그날을 알아맞힐 수 없습니다. 그럴 수 있다면 재림이 언제인지 알 수 없다는 말씀의 주된 목적이 실패로 끝날 것입니다. 하나님의 뜻은 그렇게 쉽사리 실패로 끝나지 않습니다. 앞으로 윌리엄 밀러와 같은 사람이 나타나면 그가 누구이건 미리부터 귀를 닫고 있어야 합니다. 그의 말에 귀를 기울이는 것도 그 말을 믿는 것과 똑같이 어리석은 일입니다. 그는 자신이 말하는 내용을 아는 척하거나 정말 안다고 생각하겠지만, 실제로 그것을 알 도리는 없습니다.

조지 맥도널드는 이런 어리석음에 대해 잘 적어 놓았습니다.

---

10 눅 12:35-48.

"'여기를 보라. 저기를 보라. 주님이 오시는 징조가 아닌가'라고 말하는 사람들은 주님을 너무나 갈망하여 그분이 오시는 길을 염탐하는 것일까요? 주님이 그들에게 깨어 있으라 하신 것은 주님이 오실 때 맡은 일을 소홀히 하다 발각되는 일이 없게 하라는 뜻이건만, 그들은 이런저런 소리를 하면서 주님이 도적처럼 오시지 못하도록 눈을 부릅뜨고 지켜봅니다! 생명의 유일한 열쇠는 순종입니다."

재림의 교리를 접하고도 "이 순간이 세상의 마지막 밤이라면 어떻게 하지?"라는 존 던[11]의 질문이 우리 삶의 매순간 유효함을 깨닫지 못한다면, 적어도 우리에게는 재림의 교리가 실패했다고 할 수밖에 없을 것입니다.

때로 이 질문은 우리 마음속에 두려움을 불러일으킬 목적으로 사용되곤 합니다만, 저는 그것이 이 질문의 올바른 용도라고 생각하지 않습니다. 하지만 모든 종교적 두려움을 야만적이고 명예롭지 못한 것으로 여기고 신앙생활에서 몰아내야 한다고 주장하는 사람들에게 동의하는 건 절대 아닙니다. 온전한 사랑이 두려움을 내어 쫓는다[12]는 걸 우리는 압니다. 하지만 무지, 술, 격정, 자아도취, 어리석음 등도 같은 역할을 합니다. 두려움 없는 온전

---

11 John Donne. 1572~1631년. 영국의 형이상학파 시인, 설교자, 세인트폴 대성당 주임 사제.
12 요일 4:18.

한 사랑으로 나아가는 것은 무척 바람직한 일입니다. 그러나 그 단계에 이르기 전에 열등한 도구의 힘을 빌려 두려움을 쫓아내는 것은 전혀 바람직하지 않습니다. 재림에 대한 지속적인 두려움을 불어넣으려는 온갖 시도에 제가 반대하는 이유는 따로 있습니다. 성공할 수 없는 일이기 때문입니다. 두려움은 하나의 감정입니다. 그리고 감정은 종류를 불문하고 오랫동안 유지하기가 불가능합니다. 그것은 물리적으로 불가능한 일입니다. 재림에 대한 소망으로 계속 흥분 상태에 있는 것 역시 같은 이유에서 불가능합니다. 위기감은 어떤 종류건 본질적으로 일시적입니다. 감정은 왔다가 가는 것이고, 감정이 왔을 때 잘 활용할 수는 있지만 그것이 우리 영혼의 주식主食이 될 수는 없습니다.

정말 중요한 일은 늘 종말을 두려워하(거나 소망하)는 게 아니라 그것을 언제나 기억하고 염두에 두면서 살아가는 것입니다. 도움이 될 만한 예를 하나 들어 보겠습니다. 칠순 노인이 있습니다. 그는 다가올 죽음을 계속 생각하면서 (이야기하는 것은 물론이고) 살 필요가 없습니다. 그러나 지혜로운 칠순 노인이라면 죽음을 늘 염두에 둘 것입니다. 20년이 넘게 걸릴 일을 시작한다면 어리석은 일이겠지요. 그가 유언장을 작성하지 않는 것은, 아니 진작 작성하지 않았다면 그것은 범죄 행위라 할 만큼 어리석은 일일 것입니다. 죽음이 각 사람에게 갖는 의미는 재림이 인류 전체에 대해 갖는 의미와 같습니다. 자신의 개인 생활에 '매이지 말아야' 하고, 그것이 얼마나 짧고 불안정하며 일시적이고 잠정적인 것인지 기억해야 하고, 인생이 끝나는 순간 함께 끝나 버릴 것들에 마음을 다 바쳐서는 안 된다는 믿음은 다들 갖고 있는 것 같습니다. 현대의 그리스도인들이 잘 기억하지 못하는 것은, 세상 속 인류의 삶 전체도 불안정하고 일시적이고 잠정적이라는 사실입니다.

도덕가라면 누구나 운동선수의 명성과 무도회에서 아가씨가 누리는 인기가 일시적인 것이라는 말을 할 것입니다. 요점은 한 제국이나 문명도 일시적인 것임을 기억하라는 것입니다. 모든 성취와 승리는 이 세상의 성취와 승리에 머무는 한 결국 허사가 될 것입니다. 이 부분에서 대부분의 과학자들은 신학자들과 손을 잡습니다. 지구가 영원히 생물체가 살 수 있는 곳은 아닐 것입니다. 인류도 개개의 인간들보다는 더 오래 존재하겠지만 결국에는 똑같이 멸망합니다. 차이가 있다면 과학자들은 내부로부터 서서히 이루어지는 쇠퇴를 예상하고, 우리는 언제라도 외부로부터 갑작스럽게 나타나는 개입을 예상한다는 점입니다.("이 순간이 세상의 마지막 밤이라면 어떻게 하지?")

따로 떼어 놓고 보면, 종말을 의식함으로써 후대의 유익을 위한 우리의 노력이 느슨해질 것 같은 생각이 들 수 있습니다. 그러나 언제 닥칠지 모르는 그 일이 단순한 끝이 아니라 심판이라는 사실을 기억한다면, 그런 결과로 이어지지는 않을 것입니다. 종말을 잘 기억하고 있으면 후손에 대한 의무가 우리 의무의 전

141
7. 세상의 마지막 밤

부인 것처럼 말하는 일부 현대인들의 경향을 바로잡을 수 있고, 그렇게 되어야 마땅합니다. 세상의 종말을 생각할 때 가장 두려움에 떨 사람은 자기 나름으로는 양심에 따라 진심으로 미래의 세대들에게 돌아갈 혜택을 위해 수백만 명의 동시대 사람들에게 가한 온갖 잔혹 행위와 불의를 정당화해 온 혁명가가 아닐까요? 그러나 어느 끔찍한 한순간에 이르면 그가 생각한 미래 세대는 존재하지 않는다는 사실이 드러납니다. 그때 그는 대량 학살, 허위 재판, 국외 추방이야말로 지워지지 않는 현실이고 방금 막을 내린 연극에서 자신이 맡았던 핵심 역할인 반면, 미래의 유토피아는 결국 환상에 불과했음을 알게 될 것입니다.

'이 순간'이 '세상의 마지막 밤'일지도 모른다고 생각하면 세상에 대한 만병통치 식 정책을 미친 듯이 집행할 마음은 싹 가시지만, 건전한 도덕과 분별력 안에서 미래를 위해 진지하게 노력하는 일들은 별다른 영향을 받지 않습니다. 심판이 다가오기 때문입니다. 나가서 돼지를 먹이는 일이건 100년 후에 닥칠 거대한 악에서 인류를 구해 낼 훌륭한 계획을 세우는 일이건, 자신의 소명을 열심히 감당하다가 심판을 맞는 사람은 복됩니다. 참으로 막이 내리고 나면 돼지를 먹일 일은 더 이상 없을 것이고, 노예 무역이나 정부의 독재에 맞선 위대한 반대 운동이 승리를 거둘 일도 없을 겁니다. 중요한 것은 따로 있습니다. 순찰관이 왔을 때 경계 구역을 지키고 있었다는 사실입니다.

우리 선조들은 이런 문맥에서 '심판judgment'을 단순한 '처벌'의 뜻으로만 사용하는 습관이 있었습니다. 여기서 "그가 천벌을 받았다It's a judgment on him"라는 유명한 표현이 생겨났습니다. 그러나 저는 이 심판을 좀더 엄밀한 의미로 받아들이면 상황을 더 생생하게 전달할 수 있다고 생각합니다. 선고나 보상이 아니라 평결로 보는 겁니다. 언젠가(그런데 "이 순간이 세상의 마지막 밤이라면 어떻게 될까요?") 우리 각 사람에 대해 절대적이고 정확한 평결이 내려질 것입니다. 완전한 비평이라고도 할 수 있겠지요.

우리 모두는 이 세상에서 판단judgment이나 평결을 접해 본 경험이 있습니다. 가끔 다른 사람들이 우리를 정말 어떻게 생각하는지 알게 될 때가 있습니다. 물론 그들이 우리 면전에서 하는 말을 얘기하는 게 아닙니다. 그런 말이야 가려서 들어야지요. 저는 우연히 엿듣게 된 내용이나, 이웃이나 직원, 하급자가 자기도 모르게 행동으로 드러내는 견해를 말하는 것입니다. 아이들이나 애완동물들이 천진하게 내보이는 지독한 악평이나 멋진 판단도 포함될 수 있겠지요. 그런 발견은 더없이 쓰라린 경험이거나 달콤한 경험이 될 겁니다. 그러나 판단을 내리는 상대의 지혜가 의심스럽다면 쓰라림이나 달콤함이 도를 넘지는 않을 것입니다. 우리는 우리를 겁쟁이 혹은 남을 못살게 구는 사람으로 생각하는 이들이 뭘 모르거나 악의가 있어서 그런 것이기를 바랍니다. 반면 우리를 신뢰하고 존경하는 사람들이 편견에 사로잡혀 잘못 판단

7. 세상의 마지막 밤

한 것인지도 모른다는 우려도 안고 살아갑니다. 저는 최후의 심판(언제 우리에게 닥칠지 모르는 일이지요)이 이런 자잘한 경험들의 극대치와 비슷할 거라고 생각합니다.

그것은 오류 없는 심판일 것입니다. 나한테 유리한 내용인데 혹시 잘못된 것이면 어쩌나 겁낼 일도 없고, 불리한 내용이 잘못된 것이기를 바랄 일도 없을 것입니다. 우리는 심판자의 말씀이 우리 모습을 부족하지도 않고 넘치지도 않게 꼭 그대로 보여 주고 있음을 믿고 알게 될 것입니다. 공포에 질리거나 기쁨에 사로잡힌 채 전 존재로 의심의 여지 없이 알게 될 것입니다. 심판의 내용이 완전히 뜻밖의 것은 아니었음을 깨닫게 될지도 모릅니다. 우리뿐 아니라 모든 피조 세계도 알게 될 것입니다. 우리의 선조들, 부모님, 아내나 남편, 자녀들도 알 것입니다. 각 사람에 대한 결정적이고 (그 무렵에는) 자명한 진리가 모두에게 알려질 것입니다.

저에게는 구름 속 표적, 두루마리처럼 말린 하늘과 같은 물리적 재난의 그림들이 문자 그대로의 심판 개념만큼 도움이 되지 않습니다. 우리는 언제나 흥분 상태로 있을 수 없습니다. 그래도 우리 위에 저항할 수 없는 빛이 쏟아질 때 매순간 우리 입에서 나오는 말이나 우리가 하는 (혹은 하지 않는) 행동들이 어떻게 보일지 더 자주 돌아보는 훈련은 가능할 것입니다. 그 빛은 이 세상의 빛과 너무나 다르겠지만, 우리는 그것을 염두에 두고 살 만큼은 충분히 알고 있습니다. 여자들은 가끔 전깃불 아래서 옷매

무새를 살피며 햇빛 아래서 옷이 어떻게 보일까 생각합니다. 우리 모두는 이와 비슷한 상황에 있습니다. 다들 현세라는 전깃불 아래에 있지만 내세의 햇빛에 대비하여 영혼의 옷을 입습니다. 좋은 옷은 그 빛을 감당할 수 있는 옷입니다. 그 빛은 매우 오랫동안 지속될 것이기 때문입니다.

또 다른 루이스를 만나다

《나니아 연대기》를 필두로 여러 문학 작품을 남긴 C. S. 루이스는 우리에게 친숙한 작가다.《순전한 기독교》,《스크루테이프의 편지》,《기적》등 수십 권의 기독교 변증서를 펴낸 기독교 변증가로도 유명하다. 오늘날에는 이 두 면모에 가려져 있지만, 그의 본업은 문학평론가이자 문학사가로서 뛰어난 역량을 발휘한 영문학자였다. 작가, 변증가, 문학평론가 루이스는 역동적으로 하나의 루이스를 이루고 있다. 문학 연구를 통해 쌓은 지식과 통찰이 소설과 변증서에 그대로 반영되고 있다. 따라서 루이스를 더욱 입체적이고 깊이 이해하기 위해서는 문학평론가, 문학사가로서의 루이스의 면모도 소개되어야 할 듯하다.

《세상의 마지막 밤》에서 우리는 우선 친숙한 기독교 변증가 루이스를 만난다. 기도와 믿음, 종말론 등 전통적인 기독교의 주제가 특유의 재치와 통찰력, 유비를 통해 생생하게 살아난다. 그런데 이 책에는 또 다른 루이스가 모습을 드러낸다. 사회비평가 루이스다. 그는 네 편의 글에서 교양(문화), 교육 제도, 노동과 작품, 우주 개발이라는 주제를 흥미진진하게 펼쳐 나간다. 알리스터 맥그라스는 《C. S. 루이스》에서 특히 우생학을 위시한 과학주의의 득세를 경고한 예언자 루이스의 면모를 잘 드러내 주었는데, 이 책에서 굵직굵직한 사회적 주제에 대한 그의 그런 모습을 볼 수 있다.

이 에세이집에 실린 여러 글에 그의 매서운 종교 비판이 공통적으로 등장한다. 기독교가 곳곳에서 종교 사업으로 전락해 사회적 지탄을 받고 있는 한국 상황에서 루이스의 종교 비판, 특히 그 본질적 위험성에 대한 경고는 여러 번 곱씹을 만하다.

이 에세이집에는 편집자의 글이 없기 때문에 각 에세이의 출전과 간략한 소개를 싣는 일을 옮긴이가 맡아야 할 것 같다.

'기도의 효력'

〈애틀랜틱 먼슬리The Atlantic Monthly〉 1959년 1월호에 처음 실렸다. 루이스의 전기를 본 사람이라면 아내 조이의 이야기가 사례로 등장함을 알 수 있을 것이다. 이 글에서 우리는 루이스가 다룬 문제들이 결코 이론적·사변적인 문제가 아니라 삶으로 겪어 가며 검증해야 하는 사안이었음을 다시금 확인하게 된다. 그리고 그의 일견 담담해 보이는 선언이 눈물겨운 신앙 고백으로 다가온다.

'믿음의 고집에 대하여'

옥스퍼드 소크라테스클럽Socratic Club에서 발표했고 〈스와니 리뷰The Sewanee Review〉 1955년 가을호에 실렸다. 증거와 의심의 한계, 논리적 변증이 인격적 신뢰에 자리를 내주지 않으면 안 되는 지점을 지적한다.

'썩은 백합'

이 제목은 셰익스피어의 소네트 94번에 나오는 다음 문구에서 따온 것이다. "썩은 백합은 잡초보다 더한 악취를 풍긴다." 이 글은 〈20세기Twentieth Century〉 1955년 4월호에 실렸다. 교양(문화)에 대한 성찰이 담겨 있다.

'스크루테이프, 축배를 제안하다'

루이스의 대표작《스크루테이프의 편지》는 1941년 5월부터 11월까지 〈가디언The Guardian〉에 실렸던 편지를 모아서 펴낸 책이다. 고참 악마 스크루테이프는 31통의 편지에서 하급 악마 웜우드에게 그가 맡은 인간('환자'라 부른다)을 유혹하는 방법을 조언한다. 따라서 스크루테이프가 말하는 '원수'는 하나님을 뜻한다.

1961년판《스크루테이프의 편지》서문(한국어판《스크루테이프의 편지》에도 실려 있다)에서 루이스는 많은 이들의 요청이 있었음에도 후속편을 쓰지 않은 이유가 자신의 마음을 악마의 마음으로 비트는 작업을 하다 보니 질식할 지경이 되어서라고 밝혔다. 그런데 오랜 시간이 지나 루이스는 교육 제도를 다룬 이 에세이를 써서 1959년 〈새터데이 이브닝 포스트The Saturday Evening Post〉에 실었다. 그가 이 글을 쓰게 된 계기는 같은 서문 마지막 단락에 이렇게 나와 있다.

> 그런데 세월이 흘러 《스크루테이프의 편지》를 쓸 때 느꼈던 질식의 기억이 점차 희미해지면서, 이런저런 문제들을 다시 스크루테이프의 시각을 통해 다루어 보면 어떨까 하는 생각이 들기 시작했다. 그러나 전처럼 편지 형식으로는 쓰지 않기로 마음먹었다. 그 대신 강의나 '연설' 같은 형태로 글을 써보면 어떨까 하는 생각이 어렴풋이 떠올랐다가 잊히고 또 떠올랐다가 실천으로 옮겨지지 않은 채 사라지곤 했다. 그런데 〈새터데이 이브닝 포스트〉의 청탁을 받고 마침내 펜을 들게 된 것이다.

'선한 일과 선행'

이 에세이는 미국 잡지 〈좋은 작품Good Work〉(원래 이름은 〈계간 가톨릭 예술Catholic Art Quarterly〉이었다) 1959년 성탄절 호에 처음 실렸다. 노동과 직업, 좋은 작품에 대해 근본적인 성찰을 하게 해준다. '광고'에 대한 그의 비판은 낯설지만 곱씹을 만한 부분이 많다.

'종교와 우주 개발'

이 에세이는 〈크리스천 헤럴드The Christian Herald〉 1958년 4월호
에 "외계에 나가면 하나님을 잃게 될까Will We Lose God in Outer Space?"
라는 제목으로 처음 출간되었다. 미국과 소련의 우주 개발 경쟁은
1957년 소련이 최초의 인공위성 스푸트니크 호 발사에 성공함으
로써 시작되었다.

'세상의 마지막 밤'

'그리스도인의 소망Christian Hope: Its Meaning for Today'이라는 원제로
〈삶의 종교Religion for Life〉 1952년 겨울호에 처음 실렸다. 바뀐 제목
은 존 던의 시 〈거룩한 소네트 13번Holy Sonnet XIII〉 첫 행 "이 순간이
세상의 마지막 밤이라면 어떻게 하지?"에서 따왔다.

홍종락

옮긴이

서울대학교 언어학과를 졸업하고, 한국해비타트에서 4년간 일했다. 지금은 아내와 팀을 이루어 전문 번역
가로 일하고 있으며, 번역하며 배운 내용을 자기 글로 풀어낼 궁리를 하고 산다. 저서로 《나니아 나라를 찾
아서》(정영훈 공저), 《오리지널 에필로그》가 있고, 《당신의 벗, 루이스》, 《순례자의 귀향》, 《피고석의 하나님》,
《세상의 마지막 밤》, 《개인기도》, 《실낙원 서문》, 《오독: 문학비평의 실험》, 《영광의 무게》, 《C. S. 루이스의
순전한 기독교: 전기》, 《조지 맥도널드 선집》, 《고전》(이상 홍성사), 《폐기된 이미지》(비아토르), 《사랑과 정
의》, 《한나의 아이》(이상 IVP) 등 여러 권의 책을 번역했다. 〈2009 CTK(크리스채너티 투데이 한국판) 번역
가 대상〉을 수상했다.

세상의 마지막 밤

The World's Last Night : And Other Essays

지은이 C. S. 루이스
옮긴이 홍종락
펴낸곳 주식회사 홍성사
펴낸이 정애주
국효숙 김의연 박혜란 손상범
송민규 오민택 임영주 차길환

2014. 8. 10. 양장 1쇄 발행   2018. 8. 20. 양장 4쇄 발행
2020. 6. 19. 무선 1쇄 발행   2024. 10. 28. 무선 3쇄 발행

등록번호 제1-499호 1977. 8. 1.
주소 (04084) 서울시 마포구 양화진4길 3 전화 02) 333-5161 팩스 02) 333-5165
홈페이지 hongsungsa.com 이메일 hsbooks@hongsungsa.com
페이스북 facebook.com/hongsungsa
양화진책방 02) 333-5161

The World's Last Night: And Other Essays by C. S. Lewis
© Copyright C.S. Lewis Pte Ltd., 1960
All rights reserved.
This Korean edition was published by Hong Sung Sa Ltd. in 2014
under license from the C. S. Lewis Company Ltd.
through KCC(Korea Copyright Center Inc.).

ⓒ 홍성사, 2014

• 잘못된 책은 바꿔 드립니다. • 책값은 뒤표지에 있습니다.

ISBN 978-89-365-1435-8 (03230)